Mosaic Gingerbread Blanket

I0460097

Crochet a Festive Family Heirloom!

A crochet pattern by Erin Toews

Juniper & Oakes

This book is dedicated to:
My biggest supporter
& husband
Kameron
aka Sir Hollydon

Copyright Notice

© 2024 Erin Toews. All rights reserved

https://juniperandoakes.com

ISBN: 979-8-9892593-1-1

No part of this publication may be reproduced, distributed, or transmitted in any form or by any means, including photocopying, recording, or other electronic or mechanical methods, without the prior written permission of the author, except as permitted by U.S. copyright law. For permission requests, contact erin@juniperandoakes.com

Book Cover by Teri Houghton
Photography by Kameron Toews

1st Edition 2024

Table of Contents

Introduction

I learned to crochet when I was just a little girl. I remember sitting beside my mother watching her crochet a rainbow scarf in treble crochet and wanting to give it a try! She taught me and I forgot, so she taught me again and I forgot, again. Finally in high school I picked up my hook and never put it down!

Crocheting has gotten me through many touch times, and I am happy to bring crochet patterns into the world that help others get through hard times as well.

This Mosaic Gingerbread Blanket crochet pattern is made using the overlay mosaic crochet technique. And if you've never tried this style of crochet, you are in for a real treat!

I am a crochet pattern designer and lover of all things yarn! I love learning new crochet stitch techniques, so when one of my pattern testers reached out to me asking if I would contribute a mosaic crochet design to be included in a crochetalong in her Facebook group - I immediately said "YES!"... and this was the first time I had even heard of mosaic crochet. Since that fateful automatic "yes!" I have fallen in love with this technique and have built a beautiful crochet community around the patterns I've designed using overlay mosaic crochet.

©Juniper&Oakes 2024

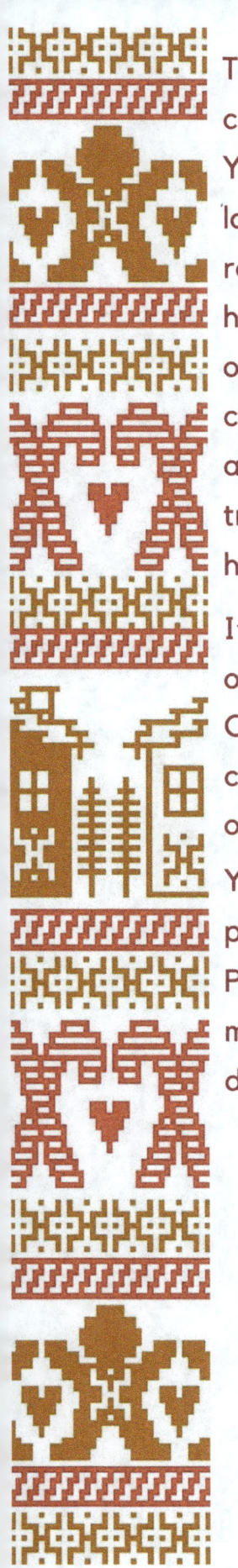

This pattern definitely looks more intimidating than it actually is. All it consists of is two basic stitches: single crochet and double crochet. You work one in the back loop of the stitch and the other in the front loop left behind two rows down. That might not make much sense reading it in this introduction, but I have pictures and video links to help walk you through it. There is even a "cheat sheet" in the back of the book that you can cut out and set beside you while you crochet, so you don't miss a thing! I always say that the hardest part about mosaic crochet is telling yourself that you should just give it a try. Once you pick up your yarn and make a small swatch, you'll be hooked in no time!

If you happen to get stuck somewhere along the way, take a picture of your project and post it with your question in the Juniper & Oakes Crochet Community Facebook Group. The crocheters in that community are incredibly helpful and knowledgable; we'll sort you out so you'll be on your way again.

You are always welcome to email me personally at erin@juniperandoakes.com. Please just remember that I am a "hot mess mama" and it might take a few days for me to respond.

Scan the QR code to join the FB group!

Scan me

Happy Crocheting!

Mosaic Gingerbread Blanket

Details

Skill Level: Adventurous Beginner/Intermediate
You will need to know the basic stitches like sc & dc to be successful

Materials
- **Yarn:** WeCrochet Mighty Stitch, <u>worsted #4 yarn (20% Superwash Wool, 80% Acrylic; 208 y/ 190m per 3.5 oz/100 g skein)</u>
  - Color A (Cream) - 2325 yards/12 skeins
  - Color B (Palomino) - 1290 yards/7 skeins
  - Color C (Love Letter) - 975 yards/5 skeins

  or any #4/Medium Weight Yarn
- **Hook:** <u>G / 4mm</u>
- Scissors
- Yarn needle

Gauge:
18 stitches x 22 rows = 4" x 4" in square
A swatch of the pattern. Counted on the WS.

Finished Size:
Approximately 45" x 58"

Stitch Abbreviations (US Terminology)
- BBS - Beginning Border Stitch
- BLOsc - Back Loop Only Single Crochet
- ch - Chain
- dc - Double Crochet
- EBS - Ending Border Stitch
- FLOdc - Front Loop Only Double Crochet
- Fsc - Foundation single crochet
- lp - Loop
- RS - Right Side
- sc - Single Crochet

Purchase the Yarn Bundle

Scan me

Chart Legend

A	BBS using Color Indicated
	BLOsc
X	FLOdc
+	EBS
|	Repeat Across

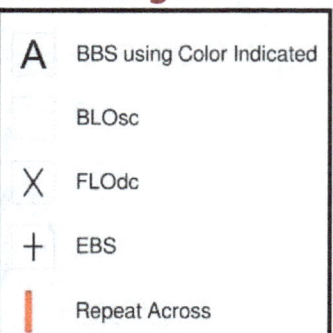

©Juniper&Oakes 2024

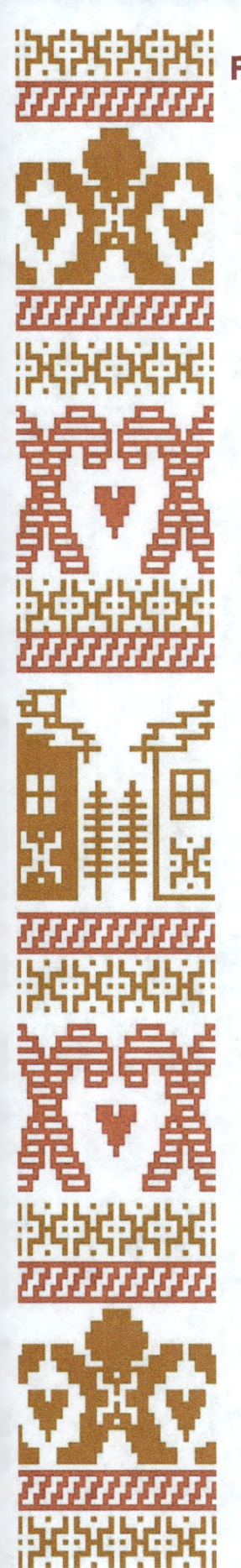

Pattern Notes

- Pattern is worked from right to left on Right Side only. (If you are left handed, feel free to work from left to right).

- Every row is worked in a different color. The Wrong Side will look like stripes.

- Fasten off at the end of each row. Do not turn your work. Begin the next row where the previous row began. This creates a *million* little ends - do not weave them in. We will create an envelope border at the end of the project to hid those ends.

- Each pattern begins with one border stitch, has a repeat of stitches, one stitch to even out the pattern, and one border stitch at the end.

- You may choose to repeat the pattern as many times as you wish. Make sure your Foundation Row is made up of any multiple of 48 plus 3 extra stitches. **I made 4 houses, so my foundation row is (4x48) + 3 = 195 stitches.**

- Each section includes a chart and written instructions. You may want to refer to each, or pick your favorite.

- The colors on the chart indicate how the finished project will look, not the colors used to work up the stitch. Simply follow the BLOsc & FLOdc stitches.

- The pattern can be worked up in two colors. Simply ignore any other color changes and alternate your Color A & B throughout.

- Some crocheters prefer to make their blankets reversible using the negative stitch. There is a tutorial on the Juniper & Oakes website if you are interested in learning.

Mosaic Gingerbread Blanket

Special Stitches

Overlay Mosaic Technique

If unfamiliar with the technique, you should practice with a small swatch first so that you get comfortable with the different stitches before diving headfirst into a large blanket project. A swatch pattern and video tutorial can be found on Page 10. If you need more resources, take a look at the mosaic crochet section of the Juniper & Oakes website, and watch the video playlist for this blanket.

More Resources for Mosaic Crochet

Scan me

Video Playlist for this Blanket

Scan me

Beginning Border Stitch (BBS)

A standing sc through the post (or the 'v') of the stitch below, ensuring that both legs of the stitch on the WS are to the outside of the blanket. *(For right-handed crocheters the legs would be secured to the right of the stitch and vice versa for left-handed crocheters.)*

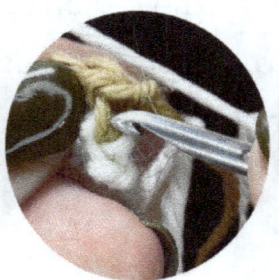

©Juniper&Oakes 2024

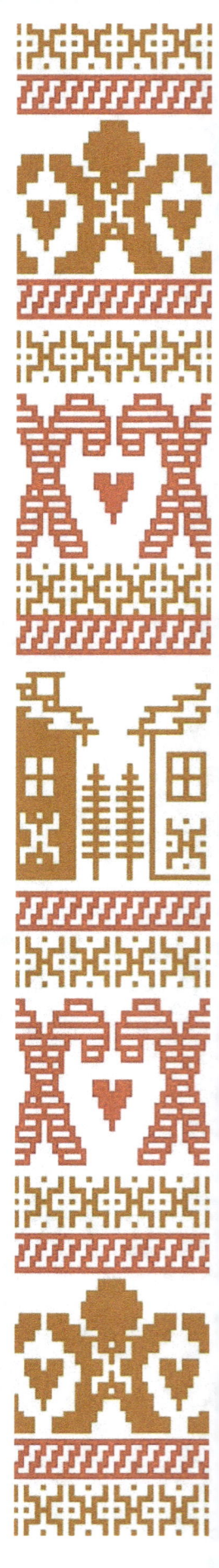

Back Loop Only Single Crochet (BLOsc)

Insert hook in back loop of indicated st, yo and pull up a lp, yo and draw through both lps on hook.

Front Loop Only Double Crochet (FLOdc)

Yo, insert hook in front loop of st below the indicated st, yo and pull up a lp, yo and draw through two lps on hook, yo and draw through remaining two lps on hook.

Ending Border Stitch (EBS)

A sc through the post (or the 'v') of the stitch below, ensuring that both legs of the stitch on the WS are to the outside of the blanket. (Similar to BBS, but the back legs of the stitch are secured to the opposite side.)

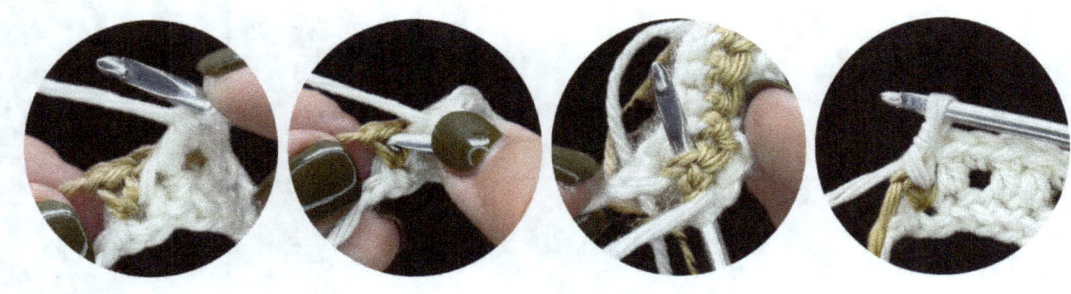

Mosaic Gingerbread Blanket

Swatch Practice

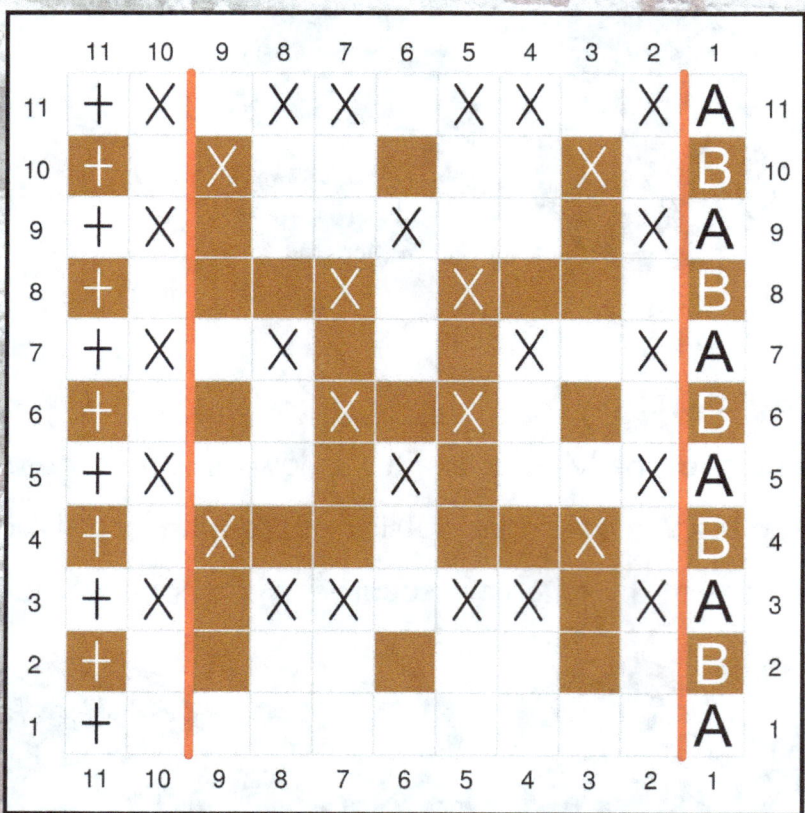

	Symbol	Meaning
	A	BBS using Color Indicated
	(blank)	BLOsc
	X	FLOdc
	+	EBS
	|	Repeat Across

Scan for a Video Tutorial

©Juniper&Oakes 2024

Instructions

Row 1: With Color A, Fsc 11 (or any multiple of 8 +3).

   (Alternatively: Ch 12, sc in 2nd ch from hook and in each ch across.)

Row 2: With Color B, BBS in 1st, BLOsc across, EBS in last.

Row 3: With Color A, BBS in 1st, *FLOdc x1, BLOsc x1, FLOdc x2, BLOsc x1, FLOdc x2, BLOsc x1*, repeat across, FLOdc x1, EBS in last.

Row 4: With Color B, BBS in 1st, *BLOsc x1, FLOdc x1, BLOsc x5, FLOdc x1*, repeat across, BLOsc x1, EBS in last.

Row 5: With Color A, BBS in 1st, *FLOdc x1, BLOsc x3*, repeat across, FLOdc x1, EBS in last.

Row 6: With Color B, BBS in 1st, *BLOsc x3, FLOdc x1, BLOsc x1, FLOdc x1, BLOsc x2*, repeat across, BLOsc x1, EBS in last.

Row 7: With Color A, BBS in 1st, *FLOdc x1, BLOsc x1, FLOdc x1, BLOsc x3, FLOdc x1, BLOsc x1*, repeat across, FLOdc x1, EBS in last.

Row 8: With Color B, BBS in 1st, *BLOsc x3, FLOdc x1, BLOsc x1, FLOdc x1, BLOsc x2*, repeat across, BLOsc x1, EBS in last.

Row 9: With Color A, BBS in 1st, *FLOdc x1, BLOsc x3*, repeat across, FLOdc x1, EBS in last.

Row 10: With Color B, BBS in 1st, *BLOsc x1, FLOdc x1, BLOsc x5, FLOdc x1*, repeat across, BLOsc x1, EBS in last.

Row 11: With Color A, BBS in 1st, *FLOdc x1, BLOsc x1, FLOdc x2, BLOsc x1, FLOdc x2, BLOsc x1*, repeat across, FLOdc x1, EBS in last.

Mosaic Gingerbread Blanket

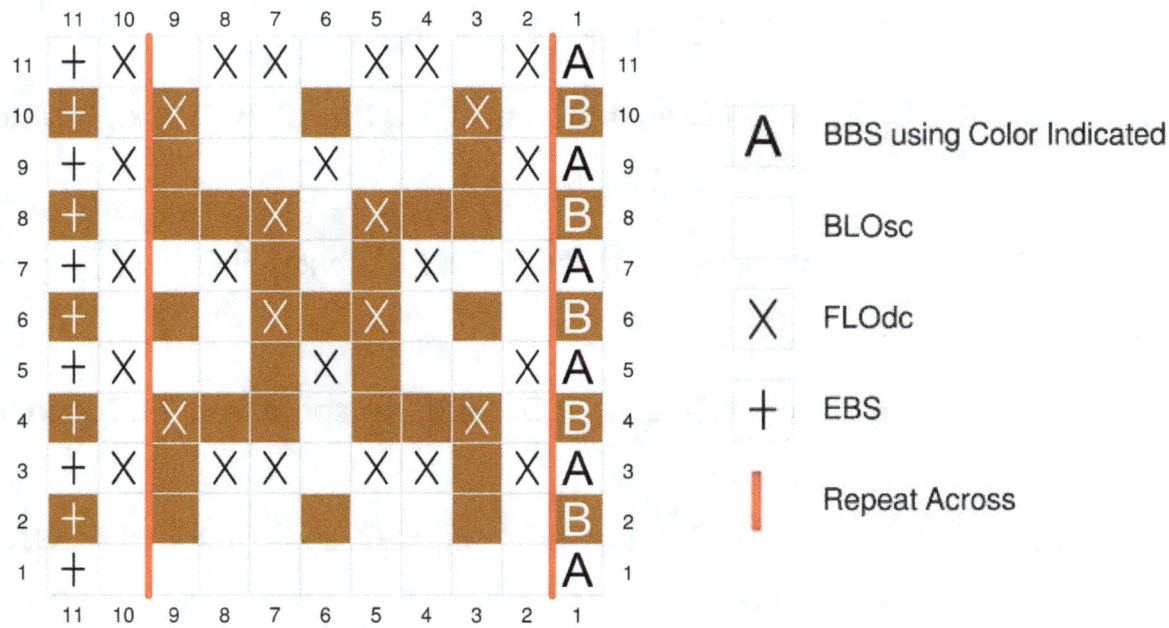

	A	BBS using Color Indicated
		BLOsc
	X	FLOdc
	+	EBS
	❘	Repeat Across

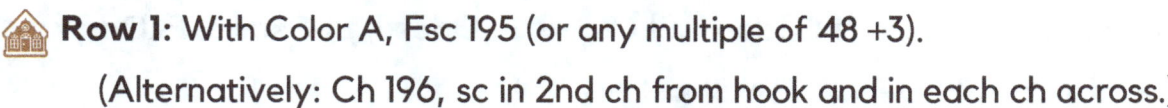 **Row 1:** With Color A, Fsc 195 (or any multiple of 48 +3).

(Alternatively: Ch 196, sc in 2nd ch from hook and in each ch across.)

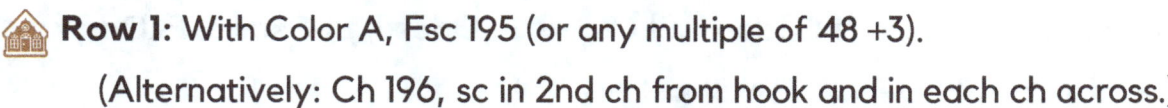 **Row 2:** With Color B, BBS in 1st, BLOsc across, EBS in last.

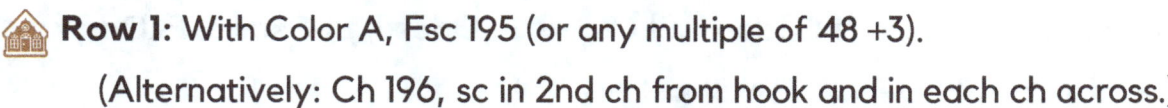 **Row 3:** With Color A, BBS in 1st, *FLOdc x1, BLOsc x1, FLOdc x2, BLOsc x1, FLOdc x2, BLOsc x1*, repeat across, FLOdc x1, EBS in last.

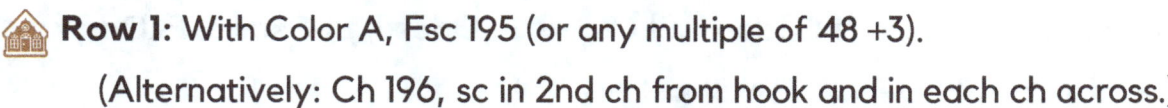 **Row 4:** With Color B, BBS in 1st, *BLOsc x1, FLOdc x1, BLOsc x5, FLOdc x1*, repeat across, BLOsc x1, EBS in last.

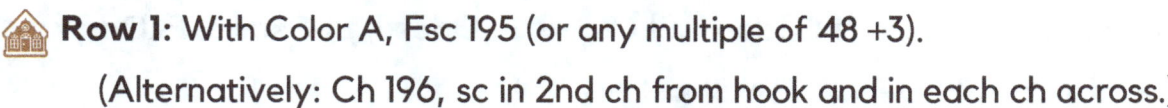 **Row 5:** With Color A, BBS in 1st, *FLOdc x1, BLOsc x3*, repeat across, FLOdc x1, EBS in last.

12

©Juniper&Oakes 2024

Section 1.1-DooDads

 Row 6: With Color B, BBS in 1st, *BLOsc x3, FLOdc x1, BLOsc x1, FLOdc x1, BLOsc x2*, repeat across, BLOsc x1, EBS in last.

 Row 7: With Color A, BBS in 1st, *FLOdc x1, BLOsc x1, FLOdc x1, BLOsc x3, FLOdc x1, BLOsc x1*, repeat across, FLOdc x1, EBS in last.

 Row 8: With Color B, BBS in 1st, *BLOsc x3, FLOdc x1, BLOsc x1, FLOdc x1, BLOsc x2*, repeat across, BLOsc x1, EBS in last.

 Row 9: With Color A, BBS in 1st, *FLOdc x1, BLOsc x3*, repeat across, FLOdc x1, EBS in last.

 Row 10: With Color B, BBS in 1st, *BLOsc x1, FLOdc x1, BLOsc x5, FLOdc x1*, repeat across, BLOsc x1, EBS in last.

 Row 11: With Color A, BBS in 1st, *FLOdc x1, BLOsc x1, FLOdc x2, BLOsc x1, FLOdc x2, BLOsc x1*, repeat across, FLOdc x1, EBS in last.

Mosaic Gingerbread Blanket

Section 1.2-Peppermint Stripes

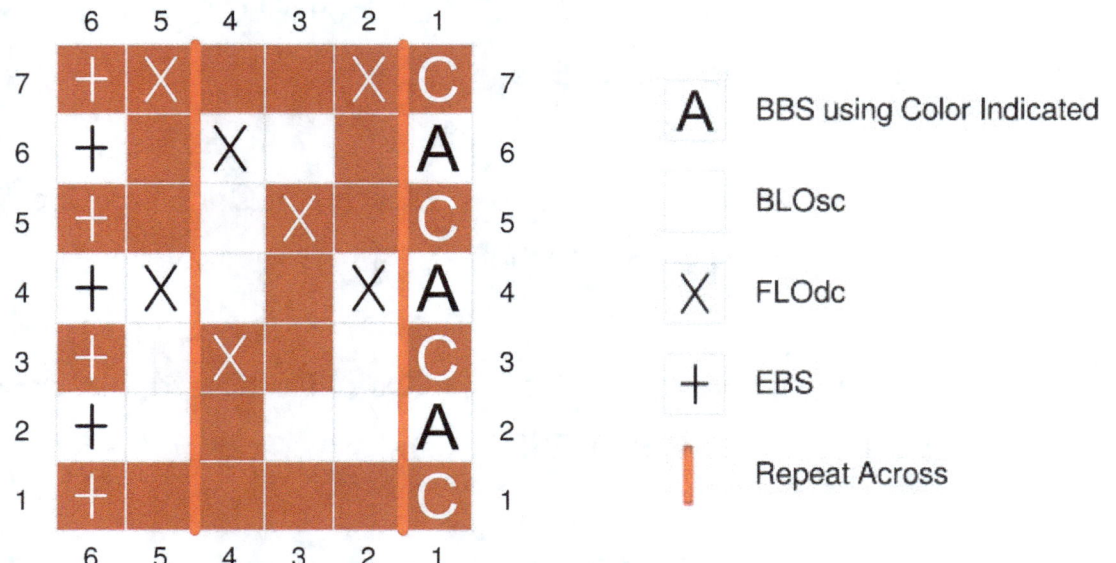

	A	BBS using Color Indicated
		BLOsc
	X	FLOdc
	+	EBS
	|	Repeat Across

 Row 1: With Color C, BBS in 1st, BLOsc across, EBS in last.

 Row 2: With Color A, BBS in 1st, BLOsc across, EBS in last.

 Row 3: With Color C, BBS in 1st, *BLOsc x2, FLOdc x1*, repeat across, BLOsc x1, EBS in last.

 Row 4: With Color A, BBS in 1st, *FLOdc x1, BLOsc x2*, repeat across, FLOdc x1, EBS in last.

 Row 5: With Color C, BBS in 1st, *BLOsc x1, FLOdc x1, BLOsc x1*, repeat across, BLOsc x1, EBS in last.

 Row 6: With Color A, BBS in 1st, *BLOsc x2, FLOdc x1*, repeat across, BLOsc x1, EBS in last.

 Row 7: With Color C, BBS in 1st, *FLOdc x1, BLOsc x2*, repeat across, FLOdc x1, EBS in last.

©Juniper&Oakes 2024

Section 2-Gingerbread Man

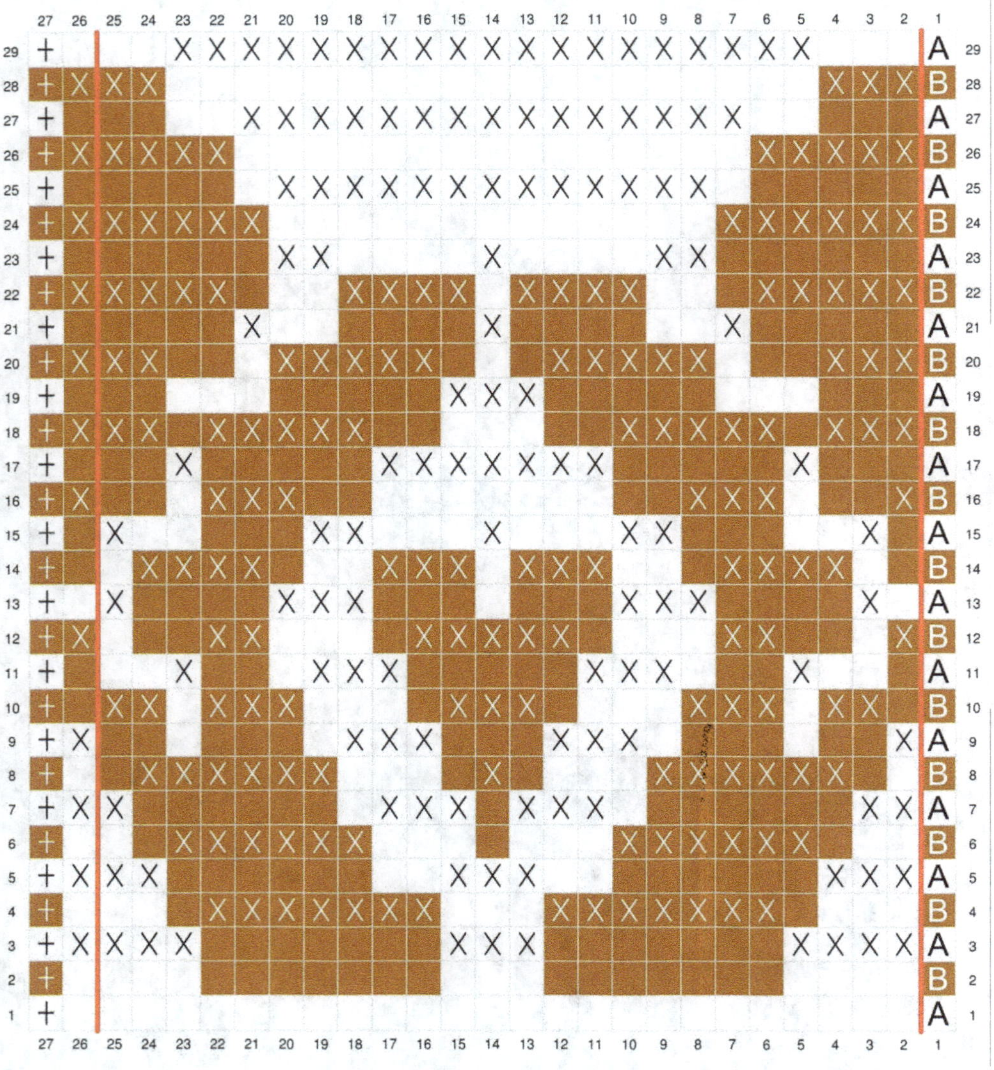

[Crochet color chart, 27 columns × 29 rows, with legend:]

Symbol	Meaning
A	BBS using Color Indicated
(blank)	BLOsc
X	FLOdc
+	EBS
(red bar)	Repeat Across

 Row 1: With Color A, BBS in 1st, BLOsc across, EBS in last.

 Row 2: With Color B, BBS in 1st, BLOsc across, EBS in last.

 Row 3: With Color A, BBS in 1st, *FLOdc x4, BLOsc x7, FLOdc x3, BLOsc x7, FLOdc x3*, repeat across, FLOdc x1, EBS in last.

 Row 4: With Color B, BBS in 1st, *BLOsc x4, FLOdc x7, BLOsc x3, FLOdc x7, BLOsc x3*, repeat across, BLOsc x1, EBS in last.

16

©Juniper&Oakes 2024

Section 2-Gingerbread Man

 Row 5: With Color A, BBS in 1st, *(FLOdc x3, BLOsc x8) x2, FLOdc x2*, repeat across, FLOdc x1, EBS in last.

 Row 6: With Color B, BBS in 1st, *BLOsc x3, FLOdc x6, BLOsc x7, FLOdc x6, BLOsc x2*, repeat across, BLOsc x1, EBS in last.

 Row 7: With Color A, BBS in 1st, *FLOdc x2, BLOsc x7, FLOdc x3, BLOsc x1, FLOdc x3, BLOsc x7, FLOdc x1*, repeat across, FLOdc x1, EBS in last.

 Row 8: With Color B, BBS in 1st, *BLOsc x2, FLOdc x6, BLOsc x4, FLOdc x1, BLOsc x4, FLOdc x6, BLOsc x1*, repeat across, BLOsc x1, EBS in last.

 Row 9: With Color A, BBS in 1st, *FLOdc x1, BLOsc x7, FLOdc x3, BLOsc x3, FLOdc x3, BLOsc x7*, repeat across, FLOdc x1, EBS in last.

 Row 10: With Color B, BBS in 1st, *BLOsc x1, FLOdc x2, BLOsc x1, FLOdc x3, BLOsc x4, FLOdc x3, BLOsc x4, FLOdc x3, BLOsc x1, FLOdc x2*, repeat across, BLOsc x1, EBS in last.

Row 11: With Color A, BBS in 1st, *BLOsc x3, FLOdc x1, BLOsc x3, FLOdc x3, BLOsc x5, FLOdc x3, BLOsc x3, FLOdc x1, BLOsc x2*, repeat across, BLOsc x1, EBS in last.

 Row 12: With Color B, BBS in 1st, *FLOdc x1, BLOsc x3, FLOdc x2, BLOsc x4, FLOdc x5, BLOsc x4, FLOdc x2, BLOsc x3*, repeat across, FLOdc x1, EBS in last.

 Row 13: With Color A, BBS in 1st, *BLOsc x1, FLOdc x1, BLOsc x4, FLOdc x3, BLOsc x7, FLOdc x3, BLOsc x4, FLOdc x1*, repeat across, BLOsc x1, EBS in last.

 Row 14: With Color B, BBS in 1st, *BLOsc x2, FLOdc x4, BLOsc x3, FLOdc x3, BLOsc x1, FLOdc x3, BLOsc x3, FLOdc x4, BLOsc x1*, repeat across, BLOsc x1, EBS in last.

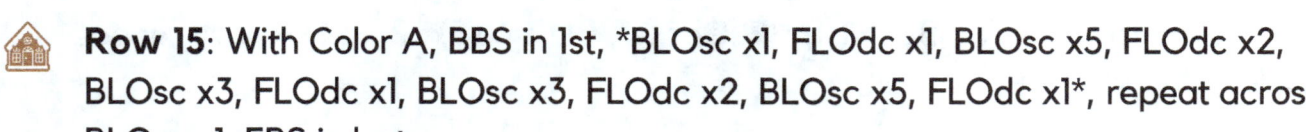
Row 15: With Color A, BBS in 1st, *BLOsc x1, FLOdc x1, BLOsc x5, FLOdc x2, BLOsc x3, FLOdc x1, BLOsc x3, FLOdc x2, BLOsc x5, FLOdc x1*, repeat across, BLOsc x1, EBS in last.

Row 16: With Color B, BBS in 1st, *FLOdc x1, BLOsc x3, FLOdc x3, BLOsc x11, FLOdc x3, BLOsc x3*, repeat across, FLOdc x1, EBS in last.

Row 17: With Color A, BBS in 1st, *BLOsc x3, FLOdc x1, BLOsc x5, FLOdc x7, BLOsc x5, FLOdc x1, BLOsc x2*, repeat across, BLOsc x1, EBS in last.

Row 18: With Color B, BBS in 1st, *FLOdc x3, BLOsc x1, FLOdc x5, BLOsc x7, FLOdc x5, BLOsc x1, FLOdc x2*, repeat across, FLOdc x1, EBS in last.

Row 19: With Color A, BBS in 1st, *BLOsc x11, FLOdc x3, BLOsc x10*, repeat across, BLOsc x1, EBS in last.

Row 20: With Color B, BBS in 1st, *FLOdc x3, BLOsc x3, FLOdc x5, BLOsc x3, FLOdc x5, BLOsc x3, FLOdc x2*, repeat across, FLOdc x1, EBS in last.

Row 21: With Color A, BBS in 1st, *BLOsc x5, FLOdc x1, BLOsc x6, FLOdc x1, BLOsc x6, FLOdc x1, BLOsc x4*, repeat across, BLOsc x1, EBS in last.

Row 22: With Color B, BBS in 1st, *FLOdc x5, BLOsc x3, FLOdc x4, BLOsc x1, FLOdc x4, BLOsc x3, FLOdc x4*, repeat across, FLOdc x1, EBS in last.

Row 23: With Color A, BBS in 1st, *BLOsc x6, FLOdc x2, BLOsc x4, FLOdc x1, BLOsc x4, FLOdc x2, BLOsc x5*, repeat across, BLOsc x1, EBS in last.

©Juniper&Oakes 2024

Section 2-Gingerbread Man

 Row 24: With Color B, BBS in 1st, *FLOdc x6, BLOsc x13, FLOdc x5*, repeat across, FLOdc x1, EBS in last.

 Row 25: With Color A, BBS in 1st, *BLOsc x6, FLOdc x13, BLOsc x5*, repeat across, BLOsc x1, EBS in last.

 Row 26: With Color B, BBS in 1st, *FLOdc x5, BLOsc x15, FLOdc x4*, repeat across, FLOdc x1, EBS in last.

 Row 27: With Color A, BBS in 1st, *BLOsc x5, FLOdc x15, BLOsc x4*, repeat across, BLOsc x1, EBS in last.

 Row 28: With Color B, BBS in 1st, *FLOdc x3, BLOsc x19, FLOdc x2*, repeat across, FLOdc x1, EBS in last.

 Row 29: With Color A, BBS in 1st, *BLOsc x3, FLOdc x19, BLOsc x2*, repeat across, BLOsc x1, EBS in last.

Mosaic Gingerbread Blanket

Section 3.1-Peppermint Stripes

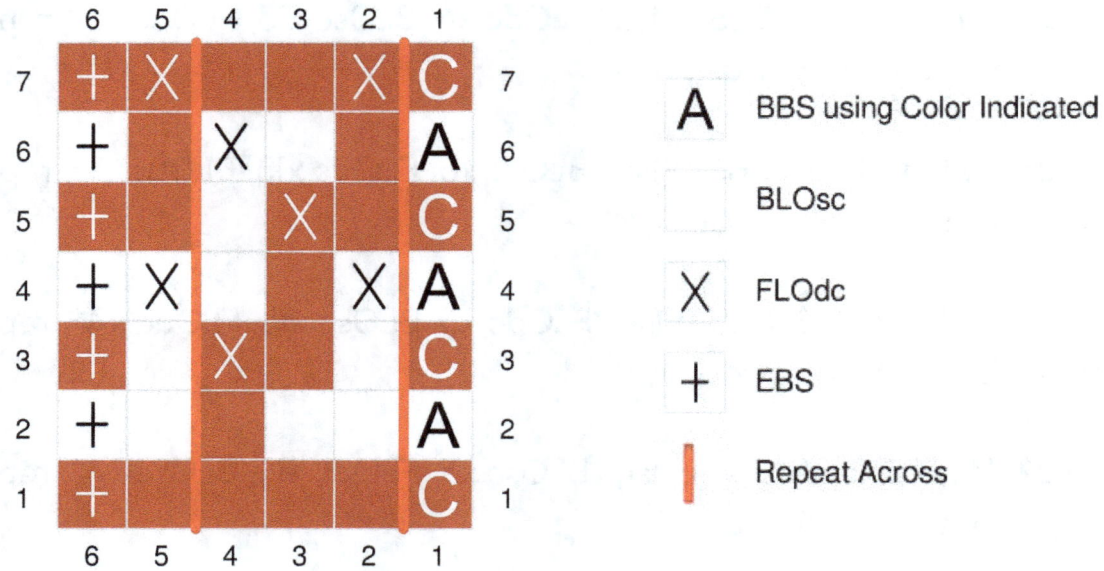

	BBS using Color Indicated
A	BBS using Color Indicated
	BLOsc
X	FLOdc
+	EBS
▌	Repeat Across

 Row 1: With Color C, BBS in 1st, BLOsc across, EBS in last.

 Row 2: With Color A, BBS in 1st, BLOsc across, EBS in last.

 Row 3: With Color C, BBS in 1st, *BLOsc x2, FLOdc x1*, repeat across, BLOsc x1, EBS in last.

 Row 4: With Color A, BBS in 1st, *FLOdc x1, BLOsc x2*, repeat across, FLOdc x1, EBS in last.

 Row 5: With Color C, BBS in 1st, *BLOsc x1, FLOdc x1, BLOsc x1*, repeat across, BLOsc x1, EBS in last.

 Row 6: With Color A, BBS in 1st, *BLOsc x2, FLOdc x1*, repeat across, BLOsc x1, EBS in last.

 Row 7: With Color C, BBS in 1st, *FLOdc x1, BLOsc x2*, repeat across, FLOdc x1, EBS in last.

©Juniper&Oakes 2024

Section 3.2-DooDads

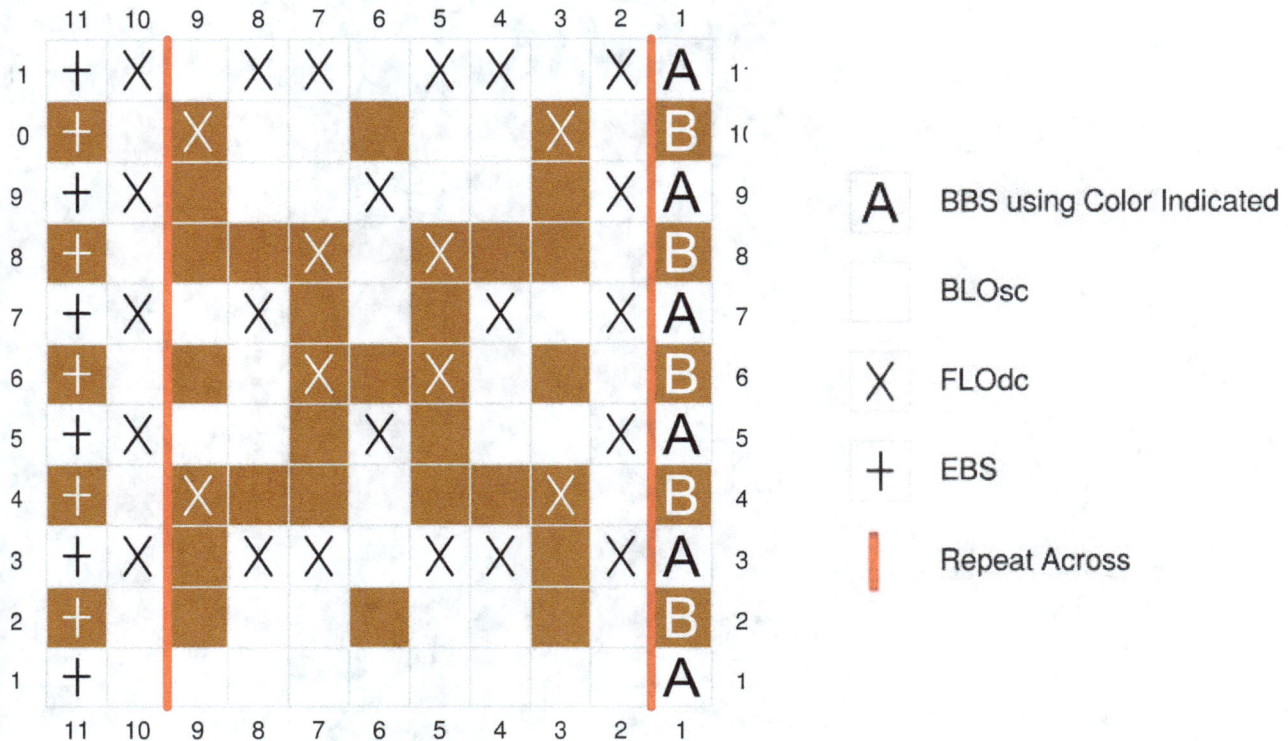

A — BBS using Color Indicated

⬜ — BLOsc

X — FLOdc

+ — EBS

❘ — Repeat Across

 Row 1: With Color A, BBS in 1st, BLOsc across, EBS in last.

 Row 2: With Color B, BBS in 1st, BLOsc across, EBS in last.

 Row 3: With Color A, BBS in 1st, *FLOdc x1, BLOsc x1, FLOdc x2, BLOsc x1, FLOdc x2, BLOsc x1*, repeat across, FLOdc x1, EBS in last.

 Row 4: With Color B, BBS in 1st, *BLOsc x1, FLOdc x1, BLOsc x5, FLOdc x1*, repeat across, BLOsc x1, EBS in last.

 Row 5: With Color A, BBS in 1st, *FLOdc x1, BLOsc x3*, repeat across, FLOdc x1, EBS in last.

©Juniper&Oakes 2024

Section 3.2-DooDads

 Row 6: With Color B, BBS in 1st, *BLOsc x3, FLOdc x1, BLOsc x1, FLOdc x1, BLOsc x2*, repeat across, BLOsc x1, EBS in last.

 Row 7: With Color A, BBS in 1st, *FLOdc x1, BLOsc x1, FLOdc x1, BLOsc x3, FLOdc x1, BLOsc x1*, repeat across, FLOdc x1, EBS in last.

 Row 8: With Color B, BBS in 1st, *BLOsc x3, FLOdc x1, BLOsc x1, FLOdc x1, BLOsc x2*, repeat across, BLOsc x1, EBS in last.

 Row 9: With Color A, BBS in 1st, *FLOdc x1, BLOsc x3*, repeat across, FLOdc x1, EBS in last.

 Row 10: With Color B, BBS in 1st, *BLOsc x1, FLOdc x1, BLOsc x5, FLOdc x1*, repeat across, BLOsc x1, EBS in last.

 Row 11: With Color A, BBS in 1st, *FLOdc x1, BLOsc x1, FLOdc x2, BLOsc x1, FLOdc x2, BLOsc x1*, repeat across, FLOdc x1, EBS in last.

Mosaic Gingerbread Blanket

Section 4-Candy Cane

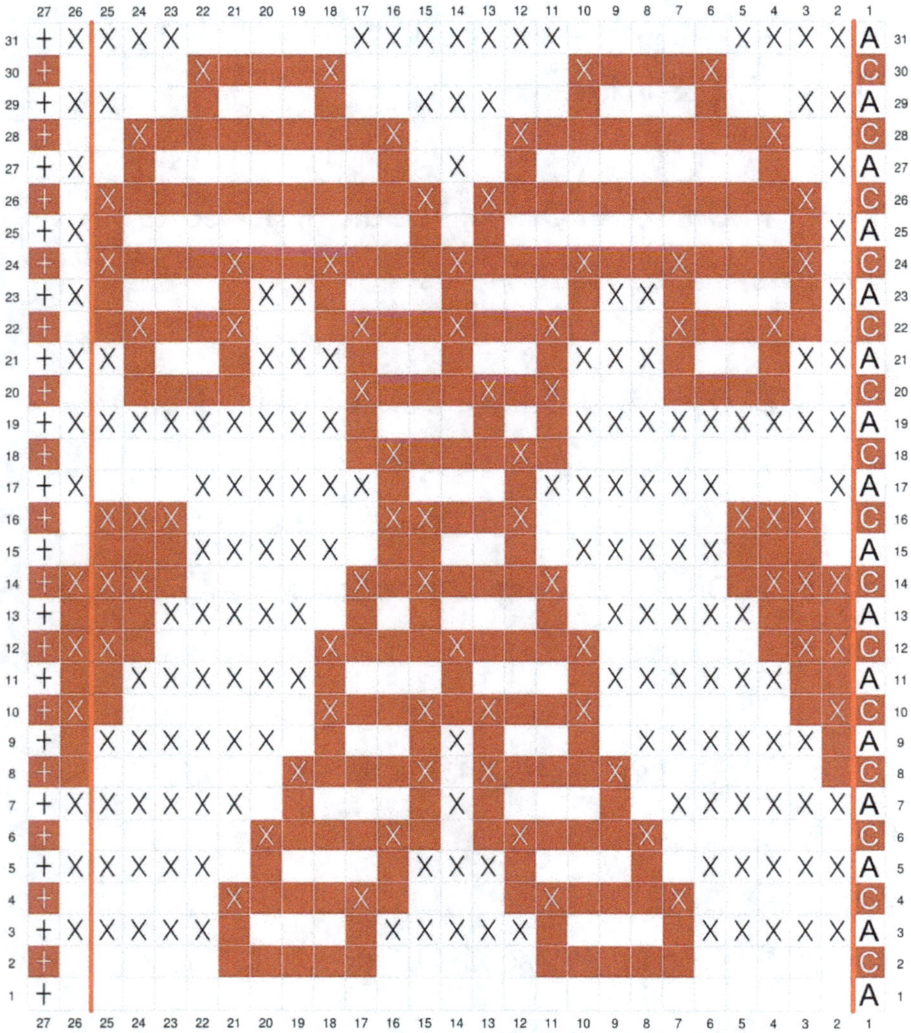

 Row 1: With Color A, BBS in 1st, BLOsc across, EBS in last.

 Row 2: With Color C, BBS in 1st, BLOsc across, EBS in last.

 Row 3: With Color A, BBS in 1st, *(FLOdc x5, BLOsc x5) x2, FLOdc x4*, repeat across, FLOdc x1, EBS in last.

 Row 4: With Color C, BBS in 1st, *(BLOsc x5, FLOdc x1, BLOsc x3, FLOdc x1) x2, BLOsc x4*, repeat across, BLOsc x1, EBS in last.

Legend:

A — BBS using Color Indicated

☐ — BLOsc

X — FLOdc

+ — EBS

▮ — Repeat Across

©Juniper&Oakes 2024

Section 4-Candy Cane

 Row 5: With Color A, BBS in 1st, *FLOdc x5, BLOsc x6, FLOdc x3, BLOsc x6, FLOdc x4*, repeat across, FLOdc x1, EBS in last.

 Row 6: With Color C, BBS in 1st, *BLOsc x6, FLOdc x1, BLOsc x3, FLOdc x1, BLOsc x3, FLOdc x1, BLOsc x3, FLOdc x1, BLOsc x5*, repeat across, BLOsc x1, EBS in last.

 Row 7: With Color A, BBS in 1st, *FLOdc x6, BLOsc x6, FLOdc x1, BLOsc x6, FLOdc x5*, repeat across, FLOdc x1, EBS in last.

 Row 8: With Color C, BBS in 1st, *BLOsc x7, FLOdc x1, BLOsc x3, FLOdc x1, BLOsc x1, FLOdc x1, BLOsc x3, FLOdc x1, BLOsc x6*, repeat across, BLOsc x1, EBS in last.

 Row 9: With Color A, BBS in 1st, *BLOsc x1, FLOdc x6, BLOsc x5, FLOdc x1, BLOsc x5, FLOdc x6*, repeat across, BLOsc x1, EBS in last.

 Row 10: With Color C, BBS in 1st, *FLOdc x1, BLOsc x7, FLOdc x1, BLOsc x2, FLOdc x1, BLOsc x1, FLOdc x1, BLOsc x2, FLOdc x1, BLOsc x7*, repeat across, FLOdc x1, EBS in last.

 Row 11: With Color A, BBS in 1st, *BLOsc x2, FLOdc x6, BLOsc x9, FLOdc x6, BLOsc x1*, repeat across, BLOsc x1, EBS in last.

 Row 12: With Color C, BBS in 1st, *FLOdc x2, BLOsc x6, FLOdc x1, BLOsc x3, FLOdc x1, BLOsc x3, FLOdc x1, BLOsc x6, FLOdc x1*, repeat across, FLOdc x1, EBS in last.

 Row 13: With Color A, BBS in 1st, *BLOsc x3, FLOdc x5, BLOsc x9, FLOdc x5, BLOsc x2*, repeat across, BLOsc x1, EBS in last.

Section 4-Candy Cane

 Row 14: With Color C, BBS in 1st, *FLOdc x3, BLOsc x6, FLOdc x1, BLOsc x3, FLOdc x1, BLOsc x1, FLOdc x1, BLOsc x6, FLOdc x2*, repeat across, FLOdc x1, EBS in last.

 Row 15: With Color A, BBS in 1st, *BLOsc x4, FLOdc x5, BLOsc x7, FLOdc x5, BLOsc x3*, repeat across, BLOsc x1, EBS in last.

 Row 16: With Color C, BBS in 1st, *BLOsc x1, FLOdc x3, BLOsc x6, FLOdc x1, BLOsc x2, FLOdc x2, BLOsc x6, FLOdc x3*, repeat across, BLOsc x1, EBS in last.

 Row 17: With Color A, BBS in 1st, *FLOdc x1, BLOsc x3, FLOdc x6, BLOsc x5, FLOdc x6, BLOsc x3*, repeat across, FLOdc x1, EBS in last.

 Row 18: With Color C, BBS in 1st, *BLOsc x10, FLOdc x1, BLOsc x3, FLOdc x1, BLOsc x9*, repeat across, BLOsc x1, EBS in last.

 Row 19: With Color A, BBS in 1st, *FLOdc x9, BLOsc x7, FLOdc x8*, repeat across, FLOdc x1, EBS in last.

 Row 20: With Color C, BBS in 1st, *BLOsc x9, FLOdc x1, BLOsc x1, FLOdc x1, BLOsc x3, FLOdc x1, BLOsc x8*, repeat across, BLOsc x1, EBS in last.

 Row 21: With Color A, BBS in 1st, *FLOdc x2, BLOsc x4, FLOdc x3, BLOsc x7, FLOdc x3, BLOsc x4, FLOdc x1*, repeat across, FLOdc x1, EBS in last.

Row 22: With Color C, BBS in 1st, *BLOsc x2, FLOdc x1, BLOsc x2, FLOdc x1, BLOsc x3, FLOdc x1, BLOsc x2, FLOdc x1, BLOsc x2, FLOdc x1, BLOsc x3, FLOdc x1, BLOsc x2, FLOdc x1, BLOsc x1*, repeat across, BLOsc x1, EBS in last.

©Juniper&Oakes 2024

Section 4-Candy Cane

 Row 23: With Color A, BBS in 1st, *FLOdc x1, BLOsc x5, FLOdc x2, BLOsc x9, FLOdc x2, BLOsc x5*, repeat across, FLOdc x1, EBS in last.

 Row 24: With Color C, BBS in 1st, *BLOsc x1, FLOdc x1, BLOsc x3, FLOdc x1, BLOsc x2, FLOdc x1, BLOsc x3, FLOdc x1, BLOsc x3, FLOdc x1, BLOsc x2, FLOdc x1, BLOsc x3, FLOdc x1*, repeat across, BLOsc x1, EBS in last.

 Row 25: With Color A, BBS in 1st, *FLOdc x1, BLOsc x23*, repeat across, FLOdc x1, EBS in last.

 Row 26: With Color C, BBS in 1st, *BLOsc x1, FLOdc x1, BLOsc x9, FLOdc x1, BLOsc x1, FLOdc x1, BLOsc x9, FLOdc x1*, repeat across, BLOsc x1, EBS in last.

 Row 27: With Color A, BBS in 1st, *FLOdc x1, BLOsc x11*, repeat across, FLOdc x1, EBS in last.

 Row 28: With Color C, BBS in 1st, *BLOsc x2, FLOdc x1, BLOsc x7, FLOdc x1, BLOsc x3, FLOdc x1, BLOsc x7, FLOdc x1, BLOsc x1*, repeat across, BLOsc x1, EBS in last.

 Row 29: With Color A, BBS in 1st, *FLOdc x2, BLOsc x9,FLOdc x3, BLOsc x9, FLOdc x1*, repeat across, FLOdc x1, EBS in last.

 Row 30: With Color C, BBS in 1st, *BLOsc x4, FLOdc x1, BLOsc x3, FLOdc x1, BLOsc x7, FLOdc x1, BLOsc x3, FLOdc x1, BLOsc x3*, repeat across, BLOsc x1, EBS in last.

 Row 31: With Color A, BBS in 1st, *FLOdc x4, BLOsc x5, FLOdc x7, BLOsc x5, FLOdc x3*, repeat across, FLOdc x1, EBS in last.

Section 5.1-DooDads

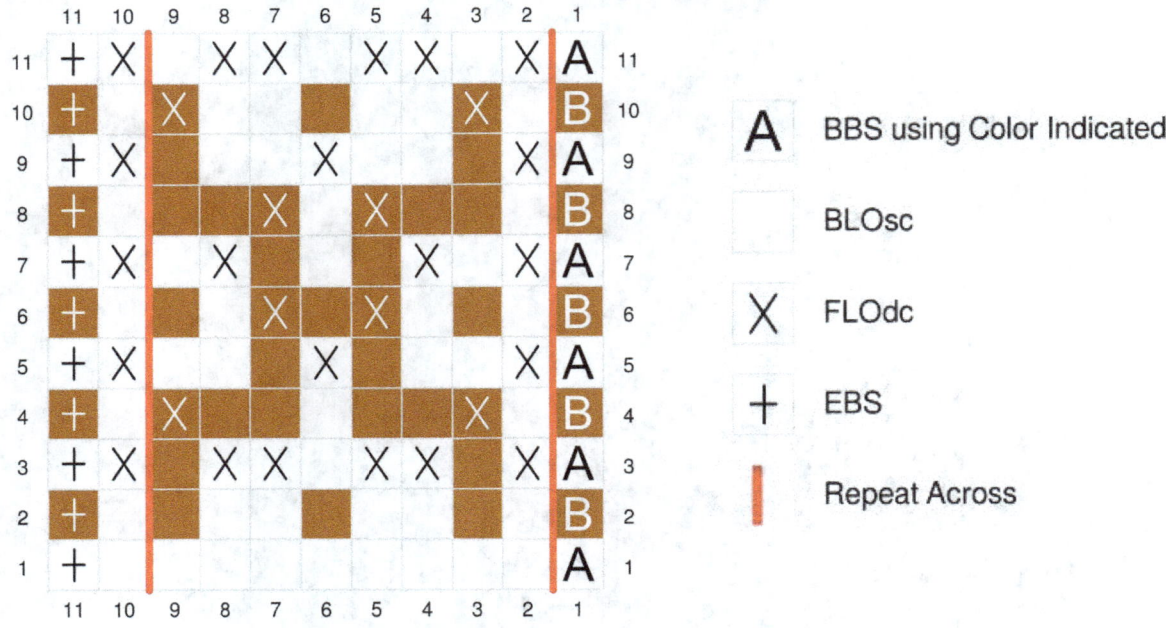

A — BBS using Color Indicated

☐ — BLOsc

X — FLOdc

+ — EBS

| — Repeat Across

🏠 **Row 1:** With Color A, Fsc 195 (or any multiple of 48 +3).

(Alternatively: Ch 196, sc in 2nd ch from hook and in each ch across.)

🏠 **Row 2:** With Color B, BBS in 1st, BLOsc across, EBS in last.

🏠 **Row 3:** With Color A, BBS in 1st, *FLOdc x1, BLOsc x1, FLOdc x2, BLOsc x1, FLOdc x2, BLOsc x1*, repeat across, FLOdc x1, EBS in last.

🏠 **Row 4:** With Color B, BBS in 1st, *BLOsc x1, FLOdc x1, BLOsc x5, FLOdc x1*, repeat across, BLOsc x1, EBS in last.

🏠 **Row 5:** With Color A, BBS in 1st, *FLOdc x1, BLOsc x3*, repeat across, FLOdc x1, EBS in last.

©Juniper&Oakes 2024

Section 5.1-DooDads

 Row 6: With Color B, BBS in 1st, *BLOsc x3, FLOdc x1, BLOsc x1, FLOdc x1, BLOsc x2*, repeat across, BLOsc x1, EBS in last.

 Row 7: With Color A, BBS in 1st, *FLOdc x1, BLOsc x1, FLOdc x1, BLOsc x3, FLOdc x1, BLOsc x1*, repeat across, FLOdc x1, EBS in last.

 Row 8: With Color B, BBS in 1st, *BLOsc x3, FLOdc x1, BLOsc x1, FLOdc x1, BLOsc x2*, repeat across, BLOsc x1, EBS in last.

 Row 9: With Color A, BBS in 1st, *FLOdc x1, BLOsc x3*, repeat across, FLOdc x1, EBS in last.

 Row 10: With Color B, BBS in 1st, *BLOsc x1, FLOdc x1, BLOsc x5, FLOdc x1*, repeat across, BLOsc x1, EBS in last.

 Row 11: With Color A, BBS in 1st, *FLOdc x1, BLOsc x1, FLOdc x2, BLOsc x1, FLOdc x2, BLOsc x1*, repeat across, FLOdc x1, EBS in last.

Mosaic Gingerbread Blanket

Section 5.2-Peppermint Stripes

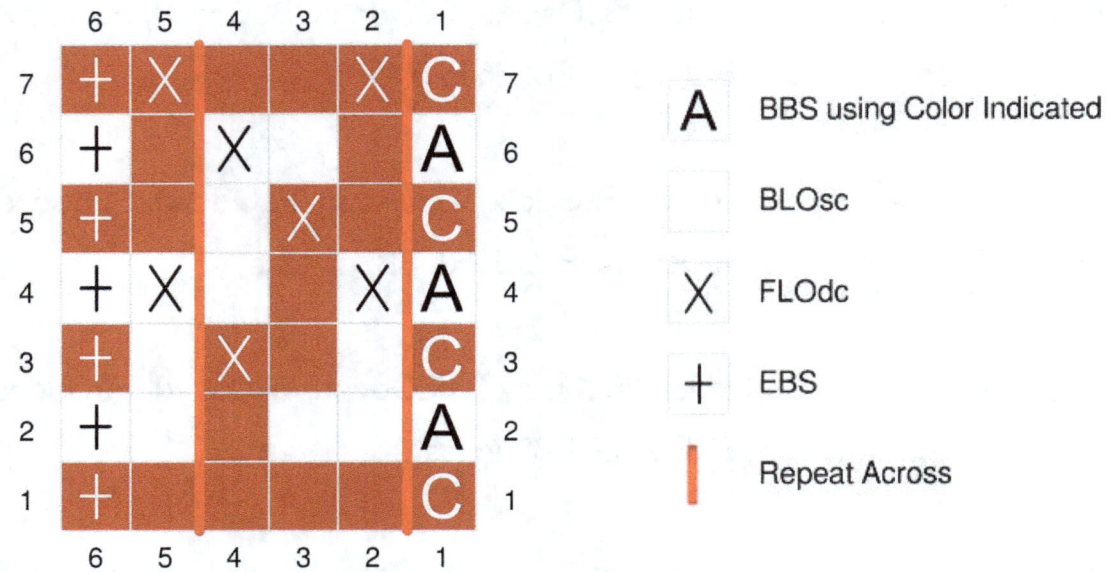

Legend:

Symbol	Meaning
A	BBS using Color Indicated
(blank)	BLOsc
X	FLOdc
+	EBS
(orange bar)	Repeat Across

 Row 1: With Color C, BBS in 1st, BLOsc across, EBS in last.

 Row 2: With Color A, BBS in 1st, BLOsc across, EBS in last.

 Row 3: With Color C, BBS in 1st, *BLOsc x2, FLOdc x1*, repeat across, BLOsc x1, EBS in last.

 Row 4: With Color A, BBS in 1st, *FLOdc x1, BLOsc x2*, repeat across, FLOdc x1, EBS in last.

 Row 5: With Color C, BBS in 1st, *BLOsc x1, FLOdc x1, BLOsc x1*, repeat across, BLOsc x1, EBS in last.

 Row 6: With Color A, BBS in 1st, *BLOsc x2, FLOdc x1*, repeat across, BLOsc x1, EBS in last.

 Row 7: With Color C, BBS in 1st, *FLOdc x1, BLOsc x2*, repeat across, FLOdc x1, EBS in last.

©Juniper&Oakes 2024

Section 6-Gingerbread House

Please note: there are two different Gingerbread Houses.
Use the chart on this page and the one on the next, side by side.
So after Stitch 51, you'll find Stitch 52 on the next chart.

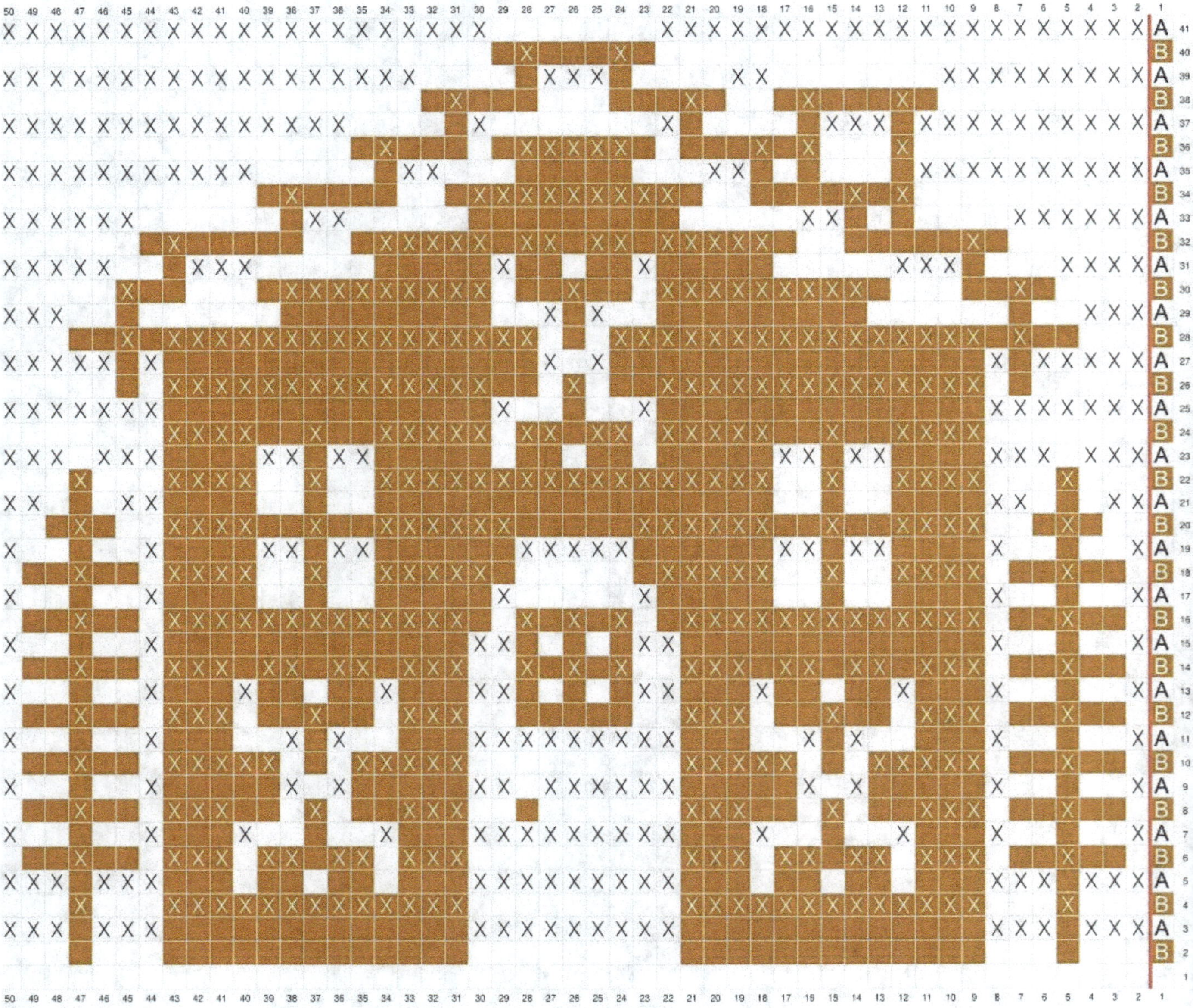

©Juniper&Oakes 2024

Section 6-Gingerbread House

Please note: there are two different Gingerbread Houses.
Use the chart on this page and the one on the previous, side by side.

Mosaic Gingerbread Blanket

Section 6-Gingerbread House

 Row 1: With Color A, BBS in 1st, BLOsc across, EBS in last.

 Row 2: With Color B, BBS in 1st, BLOsc across, EBS in last.

 Row 3: With Color A, BBS in 1st, *FLOdc x3, BLOsc x1, FLOdc x3, BLOsc x13, FLOdc x9, BLOsc x13, FLOdc x3, BLOsc x1, FLOdc x5, BLOsc x1, FLOdc x3, BLOsc x13, FLOdc x9, BLOsc x13, FLOdc x3, BLOsc x1, FLOdc x2*, repeat across, FLOdc x1, EBS in last.

 Row 4: With Color B, BBS in 1st, *BLOsc x3, FLOdc x1, BLOsc x3, FLOdc x13, BLOsc x9, FLOdc x13, BLOsc x3, FLOdc x1, BLOsc x5, FLOdc x1, BLOsc x3, FLOdc x1, BLOsc x11, FLOdc x1, BLOsc x9, FLOdc x1, BLOsc x11, FLOdc x1, BLOsc x3, FLOdc x1, BLOsc x2*, repeat across, BLOsc x1, EBS in last.

 Row 5: With Color A, BBS in 1st, *FLOdc x3, BLOsc x1, FLOdc x3, BLOsc x13, FLOdc x9, BLOsc x13, FLOdc x3, BLOsc x1, FLOdc x5, BLOsc x1, FLOdc x3, BLOsc x1, FLOdc x2, BLOsc x1, FLOdc x2, BLOsc x1, FLOdc x2, BLOsc x1, FLOdc x2, BLOsc x1, FLOdc x9, BLOsc x1, FLOdc x2, BLOsc x1, FLOdc x2, BLOsc x1, FLOdc x2, BLOsc x1, FLOdc x2, BLOsc x1, FLOdc x3, BLOsc x1, FLOdc x2*, repeat across, FLOdc x1, EBS in last.

 Row 6: With Color B, BBS in 1st, *BLOsc x3, FLOdc x1, BLOsc x3, FLOdc x3, BLOsc x1, FLOdc x2, BLOsc x1, FLOdc x2, BLOsc x1, FLOdc x3, BLOsc x9, FLOdc x3, BLOsc x1, FLOdc x2, BLOsc x1, FLOdc x2, BLOsc x1, FLOdc x3, BLOsc x3, FLOdc x1, BLOsc x5, FLOdc x1, BLOsc x3, FLOdc x1, BLOsc x2, FLOdc x1, BLOsc x5, FLOdc x1, BLOsc x2, FLOdc x1, BLOsc x9, FLOdc x1, BLOsc x2, FLOdc x1, BLOsc x5, FLOdc x1, BLOsc x2, FLOdc x1, BLOsc x3, FLOdc x1, BLOsc x2*, repeat across, BLOsc x1, EBS in last.

36

©Juniper&Oakes 2024

Section 6-Gingerbread House

////////////

 Row 7: With Color A, BBS in 1st, *FLOdc x1, BLOsc x5, FLOdc x1, BLOsc x3, FLOdc x1, BLOsc x5, FLOdc x1, BLOsc x3, FLOdc x9, BLOsc x3, FLOdc x1, BLOsc x5, FLOdc x1, BLOsc x3, FLOdc x1, BLOsc x5, FLOdc x1, BLOsc x5, FLOdc x1, BLOsc x1, FLOdc x2, BLOsc x3, FLOdc x1, BLOsc x3, FLOdc x2, BLOsc x1, FLOdc x9, BLOsc x1, FLOdc x2, BLOsc x3, FLOdc x1, BLOsc x3, FLOdc x2, BLOsc x1, FLOdc x1, BLOsc x5*, repeat across, FLOdc x1, EBS in last.

 Row 8: With Color B, BBS in 1st, *BLOsc x3, FLOdc x1, BLOsc x3, FLOdc x3, BLOsc x3, FLOdc x1, BLOsc x3, FLOdc x3, BLOsc x9, FLOdc x3, BLOsc x3, FLOdc x1, BLOsc x3, FLOdc x3, BLOsc x3, FLOdc x1, BLOsc x5, FLOdc x1, BLOsc x3, FLOdc x1, BLOsc x4, FLOdc x1, BLOsc x1, FLOdc x1, BLOsc x4, FLOdc x1, BLOsc x9, FLOdc x1, BLOsc x4, FLOdc x1, BLOsc x1, FLOdc x1, BLOsc x4, FLOdc x1, BLOsc x3, FLOdc x1, BLOsc x2*, repeat across, BLOsc x1, EBS in last.

 **Row 9:** With Color A, BBS in 1st, *FLOdc x1, BLOsc x5,FLOdc x1, BLOsc x5, FLOdc x1, BLOsc x1, FLOdc x1, BLOsc x5, FLOdc x6, BLOsc x1, FLOdc x2, BLOsc x5, FLOdc x1, BLOsc x1, FLOdc x1, BLOsc x5, FLOdc x1, BLOsc x5, FLOdc x1, BLOsc x5, FLOdc x1, BLOsc x1, FLOdc x2, BLOsc x1, FLOdc x1, BLOsc x3, FLOdc x1, BLOsc x1, FLOdc x2, BLOsc x1, FLOdc x6, BLOsc x1, FLOdc x2, BLOsc x1, FLOdc x2, BLOsc x1, FLOdc x1, BLOsc x3, FLOdc x1, BLOsc x1, FLOdc x2, BLOsc x1, FLOdc x1, BLOsc x5*, repeat across, FLOdc x1, EBS in last.

Section 6-Gingerbread House

 Row 10: With Color B, BBS in 1st, *BLOsc x3, FLOdc x1, BLOsc x3, FLOdc x5, BLOsc x3, FLOdc x5, BLOsc x9, FLOdc x5, BLOsc x3, FLOdc x5, BLOsc x3, FLOdc x1, BLOsc x5, FLOdc x1, BLOsc x3, FLOdc x1, BLOsc x4, FLOdc x1, BLOsc x1, FLOdc x1, BLOsc x4, FLOdc x1, BLOsc x9, FLOdc x1, BLOsc x4, FLOdc x1, BLOsc x1, FLOdc x1, BLOsc x4, FLOdc x1, BLOsc x3, FLOdc x1, BLOsc x2*, repeat across, BLOsc x1, EBS in last.

 Row 11: With Color A, BBS in 1st, *FLOdc x1, BLOsc x5, FLOdc x1, BLOsc x5, FLOdc x1, BLOsc x1, FLOdc x1, BLOsc x5, FLOdc x9, BLOsc x5, FLOdc x1, BLOsc x1, FLOdc x1, BLOsc x5, FLOdc x1, BLOsc x5, FLOdc x1, BLOsc x5, FLOdc x1, BLOsc x1, FLOdc x2, BLOsc x3, FLOdc x1, BLOsc x3, FLOdc x2, BLOsc x1, FLOdc x9, BLOsc x1, FLOdc x2, BLOsc x3, FLOdc x1, BLOsc x3, FLOdc x2, BLOsc x1, FLOdc x1, BLOsc x5*, repeat across, FLOdc x1, EBS in last.

 Row 12: With Color B, BBS in 1st, *BLOsc x3, FLOdc x1, BLOsc x3, FLOdc x3, BLOsc x3, FLOdc x1, BLOsc x3, FLOdc x3, BLOsc x9, FLOdc x3, BLOsc x3, FLOdc x1, BLOsc x3, FLOdc x3, BLOsc x3, FLOdc x1, BLOsc x5, FLOdc x1, BLOsc x3, FLOdc x1, BLOsc x2, FLOdc x1, BLOsc x5, FLOdc x1, BLOsc x2, FLOdc x1, BLOsc x9, FLOdc x1, BLOsc x2, FLOdc x1, BLOsc x5, FLOdc x1, BLOsc x2, FLOdc x1, BLOsc x3, FLOdc x1, BLOsc x2*, repeat across, BLOsc x1, EBS in last.

©Juniper&Oakes 2024

Row 13: With Color A, BBS in 1st, *FLOdc x1, BLOsc x5, FLOdc x1, BLOsc x3, FLOdc x1, BLOsc x5, FLOdc x1, BLOsc x3, FLOdc x2, BLOsc x5, FLOdc x2, BLOsc x3, FLOdc x1, BLOsc x5, FLOdc x1, BLOsc x3, FLOdc x1, BLOsc x5, FLOdc x1, BLOsc x5, FLOdc x1, BLOsc x1, FLOdc x2, BLOsc x1, FLOdc x2, BLOsc x1, FLOdc x2, BLOsc x1, FLOdc x2, BLOsc x1, FLOdc x2, BLOsc x5, FLOdc x2, BLOsc x1, FLOdc x2, BLOsc x1, FLOdc x2, BLOsc x1, FLOdc x2, BLOsc x1, FLOdc x2, BLOsc x1, FLOdc x1, BLOsc x5*, repeat across, FLOdc x1, EBS in last.

Row 14: With Color B, BBS in 1st, *BLOsc x3, FLOdc x1, BLOsc x3, FLOdc x3, BLOsc x1, FLOdc x2, BLOsc x1, FLOdc x2, BLOsc x1, FLOdc x3, BLOsc x2, FLOdc x1, BLOsc x1, FLOdc x1, BLOsc x1, FLOdc x1, BLOsc x2, FLOdc x3, BLOsc x1, FLOdc x2, BLOsc x1, FLOdc x2, BLOsc x1, FLOdc x3, BLOsc x3, FLOdc x1, BLOsc x5, FLOdc x1, BLOsc x3, FLOdc x1, BLOsc x11, FLOdc x1, BLOsc x2, FLOdc x1, BLOsc x1, FLOdc x1, BLOsc x1, FLOdc x1, BLOsc x2, FLOdc x1, BLOsc x11, FLOdc x1, BLOsc x3, FLOdc x1, BLOsc x2*, repeat across, BLOsc x1, EBS in last.

Row 15: With Color A, BBS in 1st, *FLOdc x1, BLOsc x5, FLOdc x1, BLOsc x13, FLOdc x2, BLOsc x5, FLOdc x2, BLOsc x13, FLOdc x1, BLOsc x5, FLOdc x1, BLOsc x5, FLOdc x1, BLOsc x1, FLOdc x11, BLOsc x1, FLOdc x2, BLOsc x5, FLOdc x2, BLOsc x1, FLOdc x11, BLOsc x1, FLOdc x1, BLOsc x5*, repeat across, FLOdc x1, EBS in last.

Section 6-Gingerbread House

///////////

 Row 16: With Color B, BBS in 1st, *BLOsc x3, FLOdc x1, BLOsc x3, FLOdc x13, BLOsc x2, FLOdc x1, BLOsc x1, FLOdc x1, BLOsc x1, FLOdc x1, BLOsc x2, FLOdc x13, BLOsc x3, FLOdc x1, BLOsc x5, FLOdc x1, BLOsc x3, FLOdc x1, BLOsc x11, FLOdc x1, BLOsc x2, FLOdc x1, BLOsc x1, FLOdc x1, BLOsc x1, FLOdc x1, BLOsc x2, FLOdc x1, BLOsc x11, FLOdc x1, BLOsc x3, FLOdc x1, BLOsc x2*, repeat across, BLOsc x1, EBS in last.

 Row 17: With Color A, BBS in 1st, *FLOdc x1, BLOsc x5, FLOdc x1, BLOsc x14, FLOdc x1, BLOsc x5, FLOdc x1, BLOsc x14, FLOdc x1, BLOsc x5, FLOdc x1, BLOsc x5, FLOdc x1, BLOsc x1, FLOdc x2, BLOsc x7, FLOdc x2, BLOsc x2, FLOdc x1, BLOsc x5, FLOdc x1, BLOsc x2, FLOdc x2, BLOsc x7, FLOdc x2, BLOsc x1, FLOdc x1, BLOsc x5*, repeat across, FLOdc x1, EBS in last.

 Row 18: With Color B, BBS in 1st, *BLOsc x3, FLOdc x1, BLOsc x3, FLOdc x4, BLOsc x2, FLOdc x1, BLOsc x2, FLOdc x5, BLOsc x7, FLOdc x5, BLOsc x2, FLOdc x1, BLOsc x2, FLOdc x4, BLOsc x3, FLOdc x1, BLOsc x5, FLOdc x1, BLOsc x3, FLOdc x1, BLOsc x2, FLOdc x1, BLOsc x2, FLOdc x1, BLOsc x2, FLOdc x1, BLOsc x3, FLOdc x1, BLOsc x7, FLOdc x1, BLOsc x3, FLOdc x1, BLOsc x2, FLOdc x1, BLOsc x2, FLOdc x1, BLOsc x2, FLOdc x1, BLOsc x3, FLOdc x1, BLOsc x2*, repeat across, BLOsc x1, EBS in last.

 Row 19: With Color A, BBS in 1st, *FLOdc x1, BLOsc x5, FLOdc x1, BLOsc x4, FLOdc x2, BLOsc x1, FLOdc x2, BLOsc x6, FLOdc x5, BLOsc x6, FLOdc x2, BLOsc x1, FLOdc x2, BLOsc x4, FLOdc x1, BLOsc x5, FLOdc x1, BLOsc x5, FLOdc x1, BLOsc x1, FLOdc x2, BLOsc x1, FLOdc x2, BLOsc x1, FLOdc x2, BLOsc x1, FLOdc x3, BLOsc x2, FLOdc x5, BLOsc x2, FLOdc x3, BLOsc x1, FLOdc x2, BLOsc x1, FLOdc x2, BLOsc x1, FLOdc x2, BLOsc x1, FLOdc x1, BLOsc x5*, repeat across, FLOdc x1, EBS in last.

©Juniper&Oakes 2024

Section 6-Gingerbread House

 Row 20: With Color B, BBS in 1st, *BLOsc x3, FLOdc x1, BLOsc x3, FLOdc x4, BLOsc x2, FLOdc x1, BLOsc x2, FLOdc x6, BLOsc x5, FLOdc x6, BLOsc x2, FLOdc x1, BLOsc x2, FLOdc x4, BLOsc x3, FLOdc x1, BLOsc x5, FLOdc x1, BLOsc x3, FLOdc x1, BLOsc x2, FLOdc x1, BLOsc x2, FLOdc x1, BLOsc x2, FLOdc x1, BLOsc x4, FLOdc x1, BLOsc x5, FLOdc x1, BLOsc x4, FLOdc x1, BLOsc x2, FLOdc x1, BLOsc x2, FLOdc x1, BLOsc x2, FLOdc x1, BLOsc x3, FLOdc x1, BLOsc x2*, repeat across, BLOsc x1, EBS in last.

 Row 21: With Color A, BBS in 1st, *FLOdc x2, BLOsc x3, FLOdc x2, BLOsc x35, FLOdc x2, BLOsc x3, FLOdc x3, BLOsc x3, FLOdc x2, BLOsc x1, FLOdc x2, BLOsc x7, FLOdc x4, BLOsc x7, FLOdc x4, BLOsc x7, FLOdc x2, BLOsc x1, FLOdc x2, BLOsc x3, FLOdc x1*, repeat across, FLOdc x1, EBS in last.

 Row 22: With Color B, BBS in 1st, *BLOsc x3, FLOdc x1, BLOsc x3, FLOdc x4, BLOsc x2, FLOdc x1, BLOsc x2, FLOdc x17, BLOsc x2, FLOdc x1, BLOsc x2, FLOdc x4, BLOsc x3, FLOdc x1, BLOsc x5, FLOdc x1, BLOsc x3, FLOdc x1, BLOsc x2, FLOdc x1, BLOsc x2, FLOdc x1, BLOsc x2, FLOdc x1, BLOsc x15, FLOdc x1, BLOsc x2, FLOdc x1, BLOsc x2, FLOdc x1, BLOsc x2, FLOdc x1, BLOsc x3, FLOdc x1, BLOsc x2*, repeat across, BLOsc x1, EBS in last.

 Row 23: With Color A, BBS in 1st, *FLOdc x3, BLOsc x1, FLOdc x3, BLOsc x4, FLOdc x2, BLOsc x1, FLOdc x2, BLOsc x17, FLOdc x2, BLOsc x1, FLOdc x2, BLOsc x4, FLOdc x3, BLOsc x1, FLOdc x5, BLOsc x1, FLOdc x3, BLOsc x1, FLOdc x2, BLOsc x1, FLOdc x2, BLOsc x1, FLOdc x2, BLOsc x1, FLOdc x4, BLOsc x1, FLOdc x2, BLOsc x1, FLOdc x2, BLOsc x1, FLOdc x4, BLOsc x1, FLOdc x2, BLOsc x1, FLOdc x2, BLOsc x1, FLOdc x2, BLOsc x1, FLOdc x3, BLOsc x1, FLOdc x2*, repeat across, FLOdc x1, EBS in last.

Row 24: With Color B, BBS in 1st, *BLOsc x7, FLOdc x4, BLOsc x2, FLOdc x1, BLOsc x2, FLOdc x5, BLOsc x1, FLOdc x2, BLOsc x1, FLOdc x2, BLOsc x1, FLOdc x5, BLOsc x2, FLOdc x1, BLOsc x2, FLOdc x4, BLOsc x13, FLOdc x1, BLOsc x2, FLOdc x1, BLOsc x2, FLOdc x1, BLOsc x2, FLOdc x1, BLOsc x4, FLOdc x1, BLOsc x5, FLOdc x1, BLOsc x4, FLOdc x1, BLOsc x2, FLOdc x1, BLOsc x2, FLOdc x1, BLOsc x2, FLOdc x1, BLOsc x6*, repeat across, BLOsc x1, EBS in last.

Row 25: With Color A, BBS in 1st, *FLOdc x7, BLOsc x14, FLOdc x1, BLOsc x5, FLOdc x1, BLOsc x14, FLOdc x13, BLOsc x1, FLOdc x2, BLOsc x7, FLOdc x4, BLOsc x3, FLOdc x1, BLOsc x3, FLOdc x4, BLOsc x7, FLOdc x2, BLOsc x1, FLOdc x6*, repeat across, FLOdc x1, EBS in last.

Row 26: With Color B, BBS in 1st, *BLOsc x7, FLOdc x14, BLOsc x3, FLOdc x1, BLOsc x3, FLOdc x14, BLOsc x13, FLOdc x1, BLOsc x15, FLOdc x1, BLOsc x1, FLOdc x1, BLOsc x15, FLOdc x1, BLOsc x6*, repeat across, BLOsc x1, EBS in last.

Row 27: With Color A, BBS in 1st, *FLOdc x5, BLOsc x1, FLOdc x1, BLOsc x16, FLOdc x1, BLOsc x1, FLOdc x1, BLOsc x16, FLOdc x1, BLOsc x1, FLOdc x9, BLOsc x1, FLOdc x1, BLOsc x1, FLOdc x13, BLOsc x1, FLOdc x1, BLOsc x3, FLOdc x1, BLOsc x1, FLOdc x13, BLOsc x1, FLOdc x1, BLOsc x1, FLOdc x4*, repeat across, FLOdc x1, EBS in last.

42

©Juniper&Oakes 2024

Row 28: With Color B, BBS in 1st, *BLOsc x5, FLOdc x1, BLOsc x1, FLOdc x16, BLOsc x3, FLOdc x16, BLOsc x1, FLOdc x1, BLOsc x9, FLOdc x1, BLOsc x1, FLOdc x1, BLOsc x15, FLOdc x1, BLOsc x1, FLOdc x1, BLOsc x15, FLOdc x1, BLOsc x1, FLOdc x1, BLOsc x4*, repeat across, BLOsc x1, EBS in last.

 Row 29: With Color A, BBS in 1st, *FLOdc x3, BLOsc x20, FLOdc x1, BLOsc x1, FLOdc x1, BLOsc x20, FLOdc x5, BLOsc x10, FLOdc x8, BLOsc x3, FLOdc x1, BLOsc x3, FLOdc x8, BLOsc x10, FLOdc x2*, repeat across, FLOdc x1, EBS in last.

 Row 30: With Color B, BBS in 1st, *BLOsc x5, FLOdc x1, BLOsc x6, FLOdc x9, BLOsc x3, FLOdc x1, BLOsc x3, FLOdc x9, BLOsc x6, FLOdc x1, BLOsc x9, FLOdc x1, BLOsc x6, FLOdc x1, BLOsc x8, FLOdc x1, BLOsc x5, FLOdc x1, BLOsc x8, FLOdc x1, BLOsc x6, FLOdc x1, BLOsc x4*, repeat across, BLOsc x1, EBS in last.

 Row 31: With Color A, BBS in 1st, *FLOdc x4, BLOsc x4, FLOdc x3, BLOsc x10, FLOdc x1, BLOsc x5, FLOdc x1, BLOsc x10, FLOdc x3, BLOsc x4, FLOdc x7, BLOsc x4, FLOdc x3, BLOsc x6, FLOdc x4, BLOsc x1, FLOdc x2, BLOsc x1, FLOdc x2, BLOsc x1, FLOdc x4, BLOsc x6, FLOdc x3, BLOsc x4, FLOdc x3*, repeat across, FLOdc x1, EBS in last.

 Row 32: With Color B, BBS in 1st, *BLOsc x7, FLOdc x1, BLOsc x8, FLOdc x5, BLOsc x1, FLOdc x2, BLOsc x1, FLOdc x2, BLOsc x1, FLOdc x5, BLOsc x8, FLOdc x1, BLOsc x13, FLOdc x1, BLOsc x8, FLOdc x1, BLOsc x15, FLOdc x1, BLOsc x8, FLOdc x1, BLOsc x6*, repeat across, BLOsc x1, EBS in last.

Row 33: With Color A, BBS in 1st, *FLOdc x6, BLOsc x7, FLOdc x2, BLOsc x19, FLOdc x2, BLOsc x7, FLOdc x11, BLOsc x7, FLOdc x2, BLOsc x6, FLOdc x7, BLOsc x6, FLOdc x2, BLOsc x7, FLOdc x5*, repeat across, FLOdc x1, EBS in last.

 Row 34: With Color B, BBS in 1st, *BLOsc x10, FLOdc x1, BLOsc x1, FLOdc x1, BLOsc x7, FLOdc x9, BLOsc x7, FLOdc x1, BLOsc x21, FLOdc x1, BLOsc x1, FLOdc x1, BLOsc x7, FLOdc x1, BLOsc x7, FLOdc x1, BLOsc x7, FLOdc x1, BLOsc x11*, repeat across, BLOsc x1, EBS in last.

 Row 35: With Color A, BBS in 1st, *FLOdc x10, BLOsc x7, FLOdc x2, BLOsc x11, FLOdc x2, BLOsc x6, FLOdc x20, BLOsc x7, FLOdc x2, BLOsc x4, FLOdc x3, BLOsc x4, FLOdc x2, BLOsc x6, FLOdc x10*, repeat across, FLOdc x1, EBS in last.

 Row 36: With Color B, BBS in 1st, *BLOsc x10, FLOdc x1, BLOsc x3, FLOdc x1, BLOsc x1, FLOdc x1, BLOsc x5, FLOdc x5, BLOsc x5, FLOdc x1, BLOsc x25, FLOdc x1, BLOsc x3, FLOdc x1, BLOsc x1, FLOdc x1, BLOsc x5, FLOdc x1, BLOsc x3, FLOdc x1, BLOsc x5, FLOdc x1, BLOsc x15*, repeat across, BLOsc x1, EBS in last.

 Row 37: With Color A, BBS in 1st, *FLOdc x10, BLOsc x1, FLOdc x3, BLOsc x6, FLOdc x1, BLOsc x7, FLOdc x1, BLOsc x5, FLOdc x24, BLOsc x1, FLOdc x3, BLOsc x6, FLOdc x1, BLOsc x7, FLOdc x1, BLOsc x5, FLOdc x14*, repeat across, FLOdc x1, EBS in last.

©Juniper&Oakes 2024

Section 6-Gingerbread House

 Row 38: With Color B, BBS in 1st, *BLOsc x10, FLOdc x1, BLOsc x3, FLOdc x1, BLOsc x4, FLOdc x1, BLOsc x9, FLOdc x1, BLOsc x28, FLOdc x1, BLOsc x3, FLOdc x1, BLOsc x4, FLOdc x1, BLOsc x9, FLOdc x1, BLOsc x18*, repeat across, BLOsc x1, EBS in last.

 Row 39: With Color A, BBS in 1st, *FLOdc x9, BLOsc x7, FLOdc x2, BLOsc x5, FLOdc x3, BLOsc x5, FLOdc x26, BLOsc x7, FLOdc x2, BLOsc x5, FLOdc x3, BLOsc x5, FLOdc x17*, repeat across, FLOdc x1, EBS in last.

 Row 40: With Color B, BBS in 1st, *BLOsc x22, FLOdc x1, BLOsc x3, FLOdc x1, BLOsc x43, FLOdc x1, BLOsc x3, FLOdc x1, BLOsc x21*, repeat across, BLOsc x1, EBS in last.

 Row 41: With Color A, BBS in 1st, *FLOdc x21, BLOsc x7, FLOdc x41, BLOsc x7, FLOdc x20*, repeat across, FLOdc x1, EBS in last.

Mosaic Gingerbread Blanket

Section 7.1-Peppermint Stripes

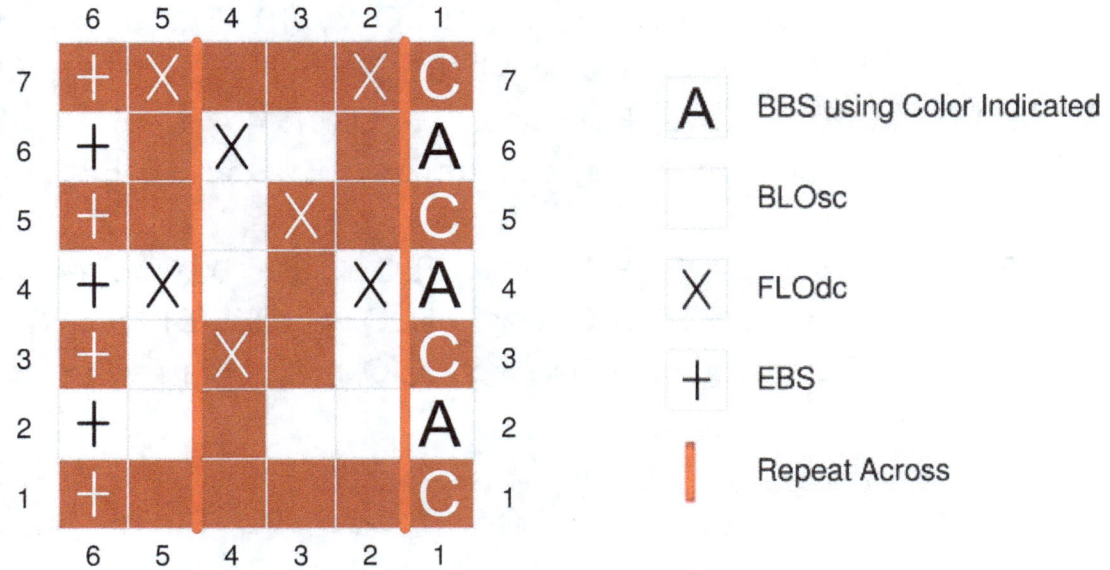

Legend:
- **A** — BBS using Color Indicated
- (blank) — BLOsc
- **X** — FLOdc
- **+** — EBS
- **|** — Repeat Across

 Row 1: With Color C, BBS in 1st, BLOsc across, EBS in last.

 Row 2: With Color A, BBS in 1st, BLOsc across, EBS in last.

 Row 3: With Color C, BBS in 1st, *BLOsc x2, FLOdc x1*, repeat across, BLOsc x1, EBS in last.

 Row 4: With Color A, BBS in 1st, *FLOdc x1, BLOsc x2*, repeat across, FLOdc x1, EBS in last.

 Row 5: With Color C, BBS in 1st, *BLOsc x1, FLOdc x1, BLOsc x1*, repeat across, BLOsc x1, EBS in last.

 Row 6: With Color A, BBS in 1st, *BLOsc x2, FLOdc x1*, repeat across, BLOsc x1, EBS in last.

 Row 7: With Color C, BBS in 1st, *FLOdc x1, BLOsc x2*, repeat across, FLOdc x1, EBS in last.

©Juniper&Oakes 2024

Section 7.2-DooDads

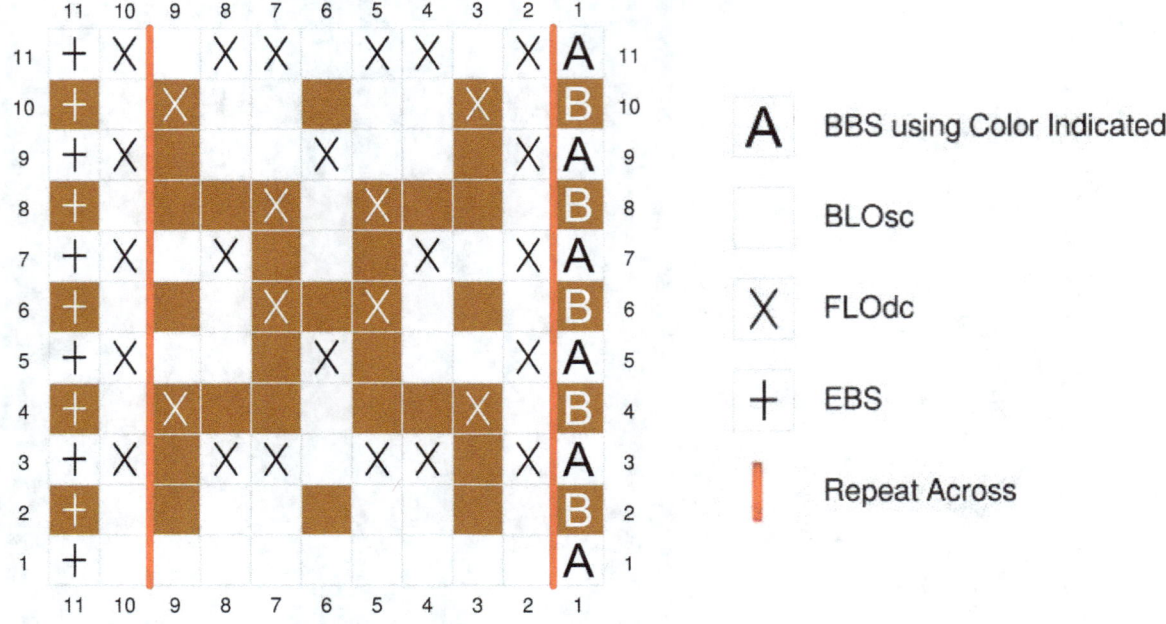

🏠 **Row 1:** With Color A, Fsc 195 (or any multiple of 48 +3).

(Alternatively: Ch 196, sc in 2nd ch from hook and in each ch across.)

🏠 **Row 2:** With Color B, BBS in 1st, BLOsc across, EBS in last.

🏠 **Row 3:** With Color A, BBS in 1st, *FLOdc x1, BLOsc x1, FLOdc x2, BLOsc x1, FLOdc x2, BLOsc x1*, repeat across, FLOdc x1, EBS in last.

🏠 **Row 4:** With Color B, BBS in 1st, *BLOsc x1, FLOdc x1, BLOsc x5, FLOdc x1*, repeat across, BLOsc x1, EBS in last.

🏠 **Row 5:** With Color A, BBS in 1st, *FLOdc x1, BLOsc x3*, repeat across, FLOdc x1, EBS in last.

©Juniper&Oakes 2024

Section 7.2-DooDads

 Row 6: With Color B, BBS in 1st, *BLOsc x3, FLOdc x1, BLOsc x1, FLOdc x1, BLOsc x2*, repeat across, BLOsc x1, EBS in last.

 Row 7: With Color A, BBS in 1st, *FLOdc x1, BLOsc x1, FLOdc x1, BLOsc x3, FLOdc x1, BLOsc x1*, repeat across, FLOdc x1, EBS in last.

 Row 8: With Color B, BBS in 1st, *BLOsc x3, FLOdc x1, BLOsc x1, FLOdc x1, BLOsc x2*, repeat across, BLOsc x1, EBS in last.

 Row 9: With Color A, BBS in 1st, *FLOdc x1, BLOsc x3*, repeat across, FLOdc x1, EBS in last.

 Row 10: With Color B, BBS in 1st, *BLOsc x1, FLOdc x1, BLOsc x5, FLOdc x1*, repeat across, BLOsc x1, EBS in last.

 Row 11: With Color A, BBS in 1st, *FLOdc x1, BLOsc x1, FLOdc x2, BLOsc x1, FLOdc x2, BLOsc x1*, repeat across, FLOdc x1, EBS in last.

49

Mosaic Gingerbread Blanket

Section 8-Candy Cane

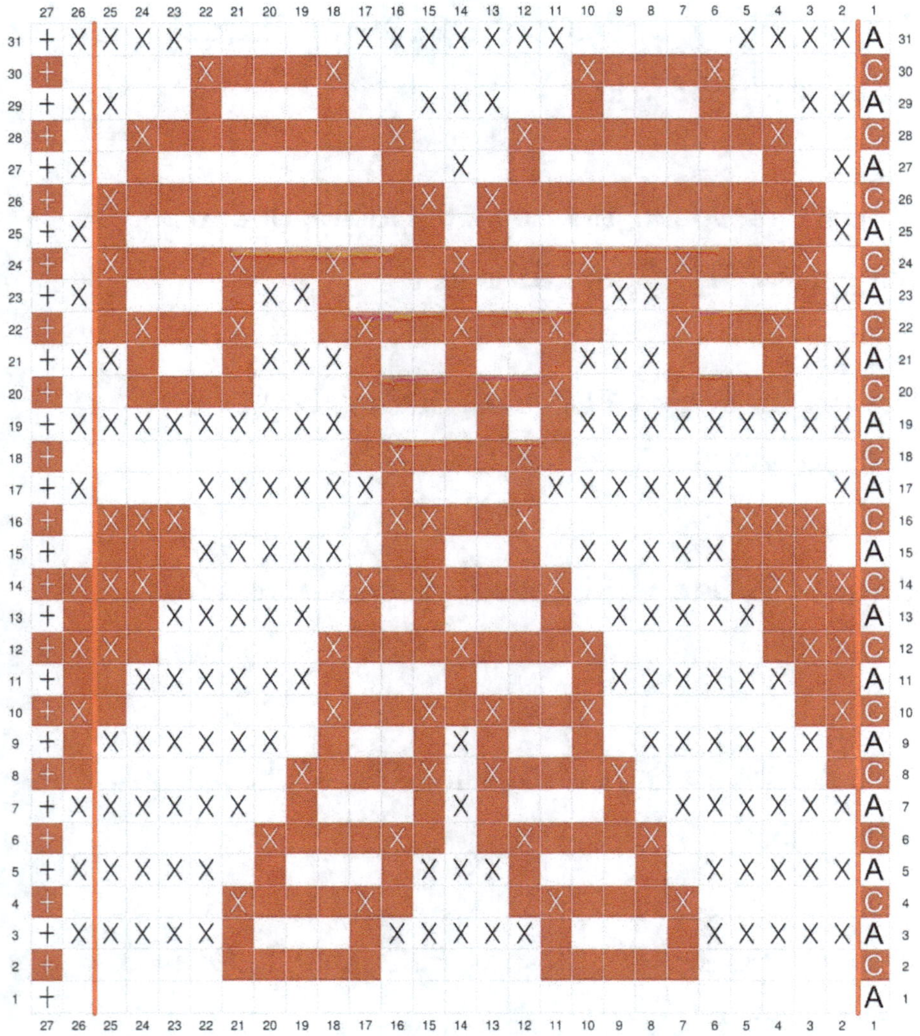

A	BBS using Color Indicated
(blank)	BLOsc
X	FLOdc
+	EBS
▌	Repeat Across

 Row 1: With Color A, BBS in 1st, BLOsc across, EBS in last.

 Row 2: With Color C, BBS in 1st, BLOsc across, EBS in last.

 Row 3: With Color A, BBS in 1st, *(FLOdc x5, BLOsc x5) x2, FLOdc x4*, repeat across, FLOdc x1, EBS in last.

 Row 4: With Color C, BBS in 1st, *(BLOsc x5, FLOdc x1, BLOsc x3, FLOdc x1) x2, BLOsc x4*, repeat across, BLOsc x1, EBS in last.

©Juniper&Oakes 2024

Section 8-Candy Cane

 Row 5: With Color A, BBS in 1st, *FLOdc x5, BLOsc x6, FLOdc x3, BLOsc x6, FLOdc x4*, repeat across, FLOdc x1, EBS in last.

 Row 6: With Color C, BBS in 1st, *BLOsc x6, FLOdc x1, BLOsc x3, FLOdc x1, BLOsc x3, FLOdc x1, BLOsc x3, FLOdc x1, BLOsc x5*, repeat across, BLOsc x1, EBS in last.

 Row 7: With Color A, BBS in 1st, *FLOdc x6, BLOsc x6, FLOdc x1, BLOsc x6, FLOdc x5*, repeat across, FLOdc x1, EBS in last.

 Row 8: With Color C, BBS in 1st, *BLOsc x7, FLOdc x1, BLOsc x3, FLOdc x1, BLOsc x1, FLOdc x1, BLOsc x3, FLOdc x1, BLOsc x6*, repeat across, BLOsc x1, EBS in last.

 Row 9: With Color A, BBS in 1st, *BLOsc x1, FLOdc x6, BLOsc x5, FLOdc x1, BLOsc x5, FLOdc x6*, repeat across, BLOsc x1, EBS in last.

 Row 10: With Color C, BBS in 1st, *FLOdc x1, BLOsc x7, FLOdc x1, BLOsc x2, FLOdc x1, BLOsc x1, FLOdc x1, BLOsc x2, FLOdc x1, BLOsc x7*, repeat across, FLOdc x1, EBS in last.

 Row 11: With Color A, BBS in 1st, *BLOsc x2, FLOdc x6, BLOsc x9, FLOdc x6, BLOsc x1*, repeat across, BLOsc x1, EBS in last.

 Row 12: With Color C, BBS in 1st, *FLOdc x2, BLOsc x6, FLOdc x1, BLOsc x3, FLOdc x1, BLOsc x3, FLOdc x1, BLOsc x6, FLOdc x1*, repeat across, FLOdc x1, EBS in last.

 Row 13: With Color A, BBS in 1st, *BLOsc x3, FLOdc x5, BLOsc x9, FLOdc x5, BLOsc x2*, repeat across, BLOsc x1, EBS in last.

Section 8-Candy Cane

 Row 14: With Color C, BBS in 1st, *FLOdc x3, BLOsc x6, FLOdc x1, BLOsc x3, FLOdc x1, BLOsc x1, FLOdc x1, BLOsc x6, FLOdc x2*, repeat across, FLOdc x1, EBS in last.

 Row 15: With Color A, BBS in 1st, *BLOsc x4, FLOdc x5, BLOsc x7, FLOdc x5, BLOsc x3*, repeat across, BLOsc x1, EBS in last.

 Row 16: With Color C, BBS in 1st, *BLOsc x1, FLOdc x3, BLOsc x6, FLOdc x1, BLOsc x2, FLOdc x2, BLOsc x6, FLOdc x3*, repeat across, BLOsc x1, EBS in last.

 Row 17: With Color A, BBS in 1st, *FLOdc x1, BLOsc x3, FLOdc x6, BLOsc x5, FLOdc x6, BLOsc x3*, repeat across, FLOdc x1, EBS in last.

 Row 18: With Color C, BBS in 1st, *BLOsc x10, FLOdc x1, BLOsc x3, FLOdc x1, BLOsc x9*, repeat across, BLOsc x1, EBS in last.

 Row 19: With Color A, BBS in 1st, *FLOdc x9, BLOsc x7, FLOdc x8*, repeat across, FLOdc x1, EBS in last.

 Row 20: With Color C, BBS in 1st, *BLOsc x9, FLOdc x1, BLOsc x1, FLOdc x1, BLOsc x3, FLOdc x1, BLOsc x8*, repeat across, BLOsc x1, EBS in last.

 Row 21: With Color A, BBS in 1st, *FLOdc x2, BLOsc x4, FLOdc x3, BLOsc x7, FLOdc x3, BLOsc x4, FLOdc x1*, repeat across, FLOdc x1, EBS in last.

 Row 22: With Color C, BBS in 1st, *BLOsc x2, FLOdc x1, BLOsc x2, FLOdc x1, BLOsc x3, FLOdc x1, BLOsc x2, FLOdc x1, BLOsc x2, FLOdc x1, BLOsc x3, FLOdc x1, BLOsc x2, FLOdc x1, BLOsc x1*, repeat across, BLOsc x1, EBS in last.

©Juniper&Oakes 2024

Section 8-Candy Cane

 Row 23: With Color A, BBS in 1st, *FLOdc x1, BLOsc x5, FLOdc x2, BLOsc x9, FLOdc x2, BLOsc x5*, repeat across, FLOdc x1, EBS in last.

 Row 24: With Color C, BBS in 1st, *BLOsc x1, FLOdc x1, BLOsc x3, FLOdc x1, BLOsc x2, FLOdc x1, BLOsc x3, FLOdc x1, BLOsc x3, FLOdc x1, BLOsc x2, FLOdc x1, BLOsc x3, FLOdc x1*, repeat across, BLOsc x1, EBS in last.

 Row 25: With Color A, BBS in 1st, *FLOdc x1, BLOsc x23*, repeat across, FLOdc x1, EBS in last.

 Row 26: With Color C, BBS in 1st, *BLOsc x1, FLOdc x1, BLOsc x9, FLOdc x1, BLOsc x1, FLOdc x1, BLOsc x9, FLOdc x1*, repeat across, BLOsc x1, EBS in last.

 Row 27: With Color A, BBS in 1st, *FLOdc x1, BLOsc x11*, repeat across, FLOdc x1, EBS in last.

 Row 28: With Color C, BBS in 1st, *BLOsc x2, FLOdc x1, BLOsc x7, FLOdc x1, BLOsc x3, FLOdc x1, BLOsc x7, FLOdc x1, BLOsc x1*, repeat across, BLOsc x1, EBS in last.

 Row 29: With Color A, BBS in 1st, *FLOdc x2, BLOsc x9,FLOdc x3, BLOsc x9, FLOdc x1*, repeat across, FLOdc x1, EBS in last.

 Row 30: With Color C, BBS in 1st, *BLOsc x4, FLOdc x1, BLOsc x3, FLOdc x1, BLOsc x7, FLOdc x1, BLOsc x3, FLOdc x1, BLOsc x3*, repeat across, BLOsc x1, EBS in last.

 Row 31: With Color A, BBS in 1st, *FLOdc x4, BLOsc x5, FLOdc x7, BLOsc x5, FLOdc x3*, repeat across, FLOdc x1, EBS in last.

Section 9.1-DooDads

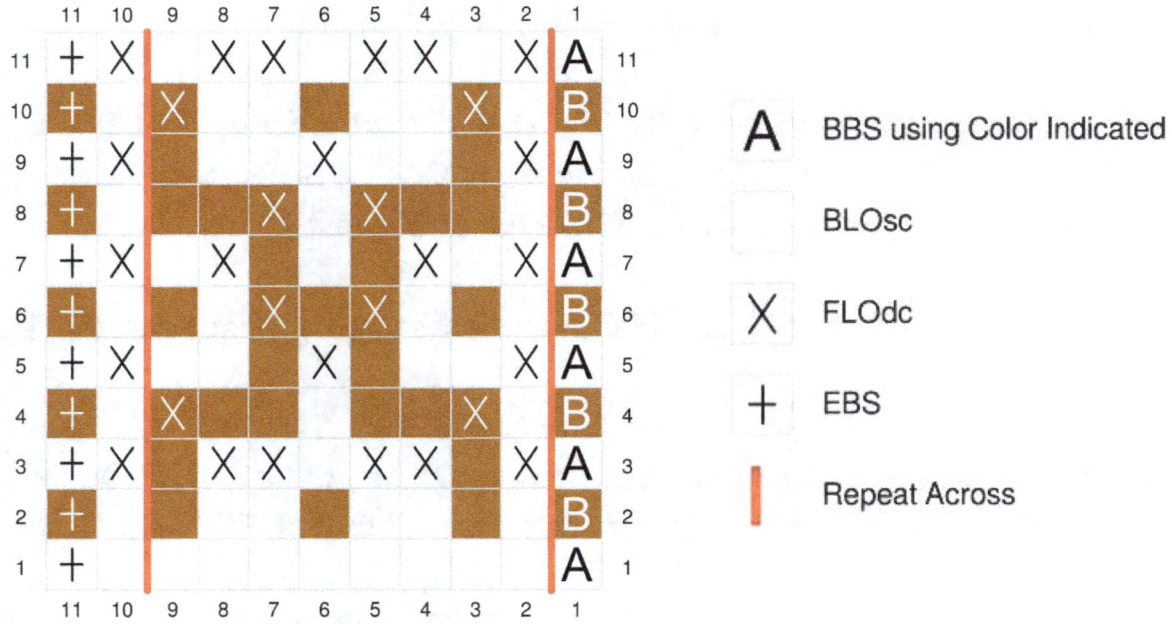

	A	BBS using Color Indicated
		BLOsc
	X	FLOdc
	+	EBS
	❘	Repeat Across

🏠 **Row 1:** With Color A, Fsc 195 (or any multiple of 48 +3).

(Alternatively: Ch 196, sc in 2nd ch from hook and in each ch across.)

🏠 **Row 2:** With Color B, BBS in 1st, BLOsc across, EBS in last.

🏠 **Row 3:** With Color A, BBS in 1st, *FLOdc x1, BLOsc x1, FLOdc x2, BLOsc x1, FLOdc x2, BLOsc x1*, repeat across, FLOdc x1, EBS in last.

🏠 **Row 4:** With Color B, BBS in 1st, *BLOsc x1, FLOdc x1, BLOsc x5, FLOdc x1*, repeat across, BLOsc x1, EBS in last.

🏠 **Row 5:** With Color A, BBS in 1st, *FLOdc x1, BLOsc x3*, repeat across, FLOdc x1, EBS in last.

©Juniper&Oakes 2024

Section 9.1-DooDads

 Row 6: With Color B, BBS in 1st, *BLOsc x3, FLOdc x1, BLOsc x1, FLOdc x1, BLOsc x2*, repeat across, BLOsc x1, EBS in last.

 Row 7: With Color A, BBS in 1st, *FLOdc x1, BLOsc x1, FLOdc x1, BLOsc x3, FLOdc x1, BLOsc x1*, repeat across, FLOdc x1, EBS in last.

 Row 8: With Color B, BBS in 1st, *BLOsc x3, FLOdc x1, BLOsc x1, FLOdc x1, BLOsc x2*, repeat across, BLOsc x1, EBS in last.

 Row 9: With Color A, BBS in 1st, *FLOdc x1, BLOsc x3*, repeat across, FLOdc x1, EBS in last.

 Row 10: With Color B, BBS in 1st, *BLOsc x1, FLOdc x1, BLOsc x5, FLOdc x1*, repeat across, BLOsc x1, EBS in last.

 Row 11: With Color A, BBS in 1st, *FLOdc x1, BLOsc x1, FLOdc x2, BLOsc x1, FLOdc x2, BLOsc x1*, repeat across, FLOdc x1, EBS in last.

Mosaic Gingerbread Blanket

Section 9.2-Peppermint Stripes

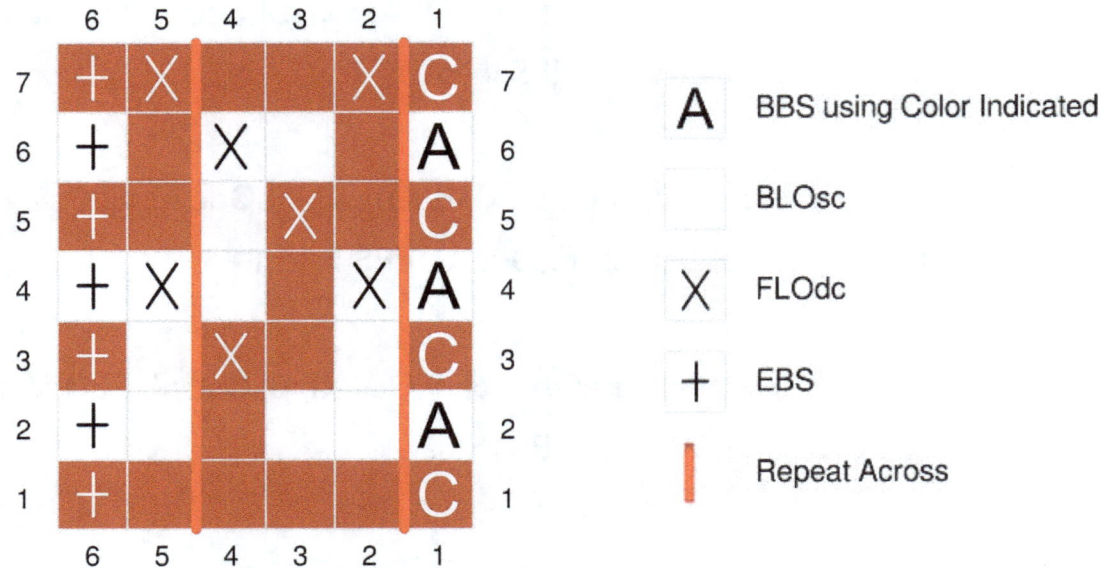

	A	BBS using Color Indicated
		BLOsc
	X	FLOdc
	+	EBS
	▮	Repeat Across

 Row 1: With Color C, BBS in 1st, BLOsc across, EBS in last.

 Row 2: With Color A, BBS in 1st, BLOsc across, EBS in last.

 Row 3: With Color C, BBS in 1st, *BLOsc x2, FLOdc x1*, repeat across, BLOsc x1, EBS in last.

 Row 4: With Color A, BBS in 1st, *FLOdc x1, BLOsc x2*, repeat across, FLOdc x1, EBS in last.

 Row 5: With Color C, BBS in 1st, *BLOsc x1, FLOdc x1, BLOsc x1*, repeat across, BLOsc x1, EBS in last.

 Row 6: With Color A, BBS in 1st, *BLOsc x2, FLOdc x1*, repeat across, BLOsc x1, EBS in last.

 Row 7: With Color C, BBS in 1st, *FLOdc x1, BLOsc x2*, repeat across, FLOdc x1, EBS in last.

©Juniper&Oakes 2024

Section 10-Gingerbread Man

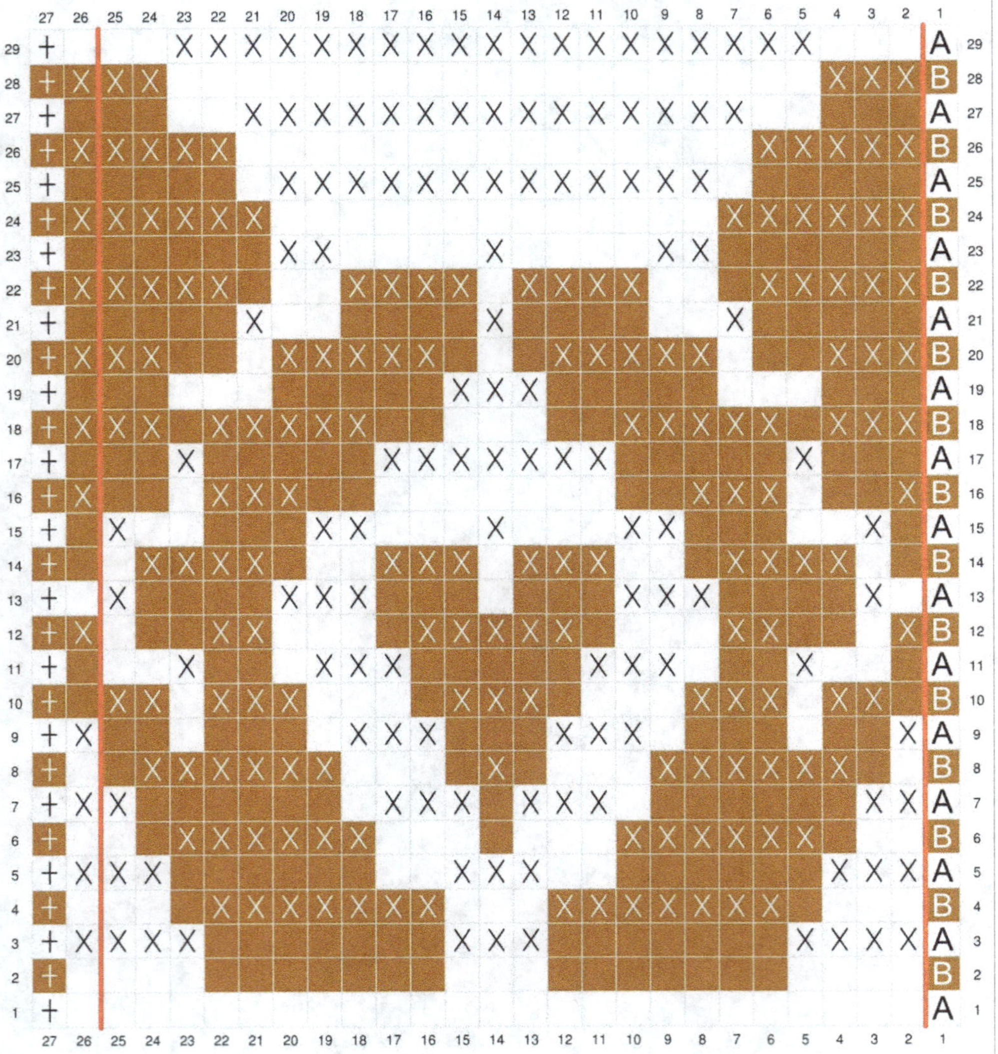

- A — BBS using Color Indicated
- (blank) — BLOsc
- X — FLOdc
- + — EBS
- | — Repeat Across

Row 1: With Color A, BBS in 1st, BLOsc across, EBS in last.

Row 2: With Color B, BBS in 1st, BLOsc across, EBS in last.

Row 3: With Color A, BBS in 1st, *FLOdc x4, BLOsc x7, FLOdc x3, BLOsc x7, FLOdc x3*, repeat across, FLOdc x1, EBS in last.

Row 4: With Color B, BBS in 1st, *BLOsc x4, FLOdc x7, BLOsc x3, FLOdc x7, BLOsc x3*, repeat across, BLOsc x1, EBS in last.

©Juniper&Oakes 2024

Section 10-Gingerbread Man

Row 5: With Color A, BBS in 1st, *(FLOdc x3, BLOsc x8) x2, FLOdc x2*, repeat across, FLOdc x1, EBS in last.

Row 6: With Color B, BBS in 1st, *BLOsc x3, FLOdc x6, BLOsc x7, FLOdc x6, BLOsc x2*, repeat across, BLOsc x1, EBS in last.

Row 7: With Color A, BBS in 1st, *FLOdc x2, BLOsc x7, FLOdc x3, BLOsc x1, FLOdc x3, BLOsc x7, FLOdc x1*, repeat across, FLOdc x1, EBS in last.

Row 8: With Color B, BBS in 1st, *BLOsc x2, FLOdc x6, BLOsc x4, FLOdc x1, BLOsc x4, FLOdc x6, BLOsc x1*, repeat across, BLOsc x1, EBS in last.

Row 9: With Color A, BBS in 1st, *FLOdc x1, BLOsc x7, FLOdc x3, BLOsc x3, FLOdc x3, BLOsc x7*, repeat across, FLOdc x1, EBS in last.

Row 10: With Color B, BBS in 1st, *BLOsc x1, FLOdc x2, BLOsc x1, FLOdc x3, BLOsc x4, FLOdc x3, BLOsc x4, FLOdc x3, BLOsc x1, FLOdc x2*, repeat across, BLOsc x1, EBS in last.

Row 11: With Color A, BBS in 1st, *BLOsc x3, FLOdc x1, BLOsc x3, FLOdc x3, BLOsc x5, FLOdc x3, BLOsc x3, FLOdc x1, BLOsc x2*, repeat across, BLOsc x1, EBS in last.

Row 12: With Color B, BBS in 1st, *FLOdc x1, BLOsc x3, FLOdc x2, BLOsc x4, FLOdc x5, BLOsc x4, FLOdc x2, BLOsc x3*, repeat across, FLOdc x1, EBS in last.

Row 13: With Color A, BBS in 1st, *BLOsc x1, FLOdc x1, BLOsc x4, FLOdc x3, BLOsc x7, FLOdc x3, BLOsc x4, FLOdc x1*, repeat across, BLOsc x1, EBS in last.

Row 14: With Color B, BBS in 1st, *BLOsc x2, FLOdc x4, BLOsc x3, FLOdc x3, BLOsc x1, FLOdc x3, BLOsc x3, FLOdc x4, BLOsc x1*, repeat across, BLOsc x1, EBS in last.

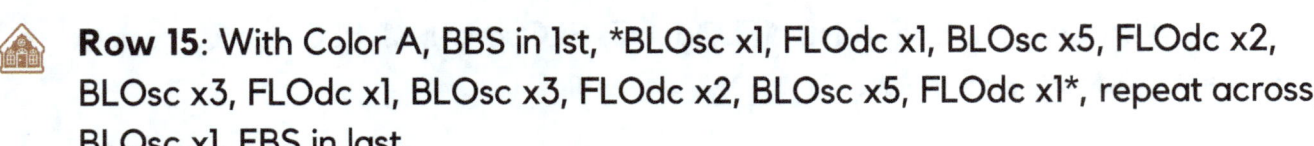

🏠 **Row 15**: With Color A, BBS in 1st, *BLOsc x1, FLOdc x1, BLOsc x5, FLOdc x2, BLOsc x3, FLOdc x1, BLOsc x3, FLOdc x2, BLOsc x5, FLOdc x1*, repeat across, BLOsc x1, EBS in last.

🏠 **Row 16:** With Color B, BBS in 1st, *FLOdc x1, BLOsc x3, FLOdc x3, BLOsc x11, FLOdc x3, BLOsc x3*, repeat across, FLOdc x1, EBS in last.

🏠 **Row 17:** With Color A, BBS in 1st, *BLOsc x3, FLOdc x1, BLOsc x5, FLOdc x7, BLOsc x5, FLOdc x1, BLOsc x2*, repeat across, BLOsc x1, EBS in last.

🏠 **Row 18:** With Color B, BBS in 1st, *FLOdc x3, BLOsc x1, FLOdc x5, BLOsc x7, FLOdc x5, BLOsc x1, FLOdc x2*, repeat across, FLOdc x1, EBS in last.

🏠 **Row 19:** With Color A, BBS in 1st, *BLOsc x11, FLOdc x3, BLOsc x10*, repeat across, BLOsc x1, EBS in last.

🏠 **Row 20:** With Color B, BBS in 1st, *FLOdc x3, BLOsc x3, FLOdc x5, BLOsc x3, FLOdc x5, BLOsc x3, FLOdc x2*, repeat across, FLOdc x1, EBS in last.

🏠 **Row 21:** With Color A, BBS in 1st, *BLOsc x5, FLOdc x1, BLOsc x6, FLOdc x1, BLOsc x6, FLOdc x1, BLOsc x4*, repeat across, BLOsc x1, EBS in last.

🏠 **Row 22:** With Color B, BBS in 1st, *FLOdc x5, BLOsc x3, FLOdc x4, BLOsc x1, FLOdc x4, BLOsc x3, FLOdc x4*, repeat across, FLOdc x1, EBS in last.

🏠 **Row 23:** With Color A, BBS in 1st, *BLOsc x6, FLOdc x2, BLOsc x4, FLOdc x1, BLOsc x4, FLOdc x2, BLOsc x5*, repeat across, BLOsc x1, EBS in last.

©Juniper&Oakes 2024

Section 10-Gingerbread Man

 Row 24: With Color B, BBS in 1st, *FLOdc x6, BLOsc x13, FLOdc x5*, repeat across, FLOdc x1, EBS in last.

 Row 25: With Color A, BBS in 1st, *BLOsc x6, FLOdc x13, BLOsc x5*, repeat across, BLOsc x1, EBS in last.

 Row 26: With Color B, BBS in 1st, *FLOdc x5, BLOsc x15, FLOdc x4*, repeat across, FLOdc x1, EBS in last.

 Row 27: With Color A, BBS in 1st, *BLOsc x5, FLOdc x15, BLOsc x4*, repeat across, BLOsc x1, EBS in last.

 Row 28: With Color B, BBS in 1st, *FLOdc x3, BLOsc x19, FLOdc x2*, repeat across, FLOdc x1, EBS in last.

 Row 29: With Color A, BBS in 1st, *BLOsc x3, FLOdc x19, BLOsc x2*, repeat across, BLOsc x1, EBS in last.

Mosaic Gingerbread Blanket

Section 11.1-Peppermint Stripes

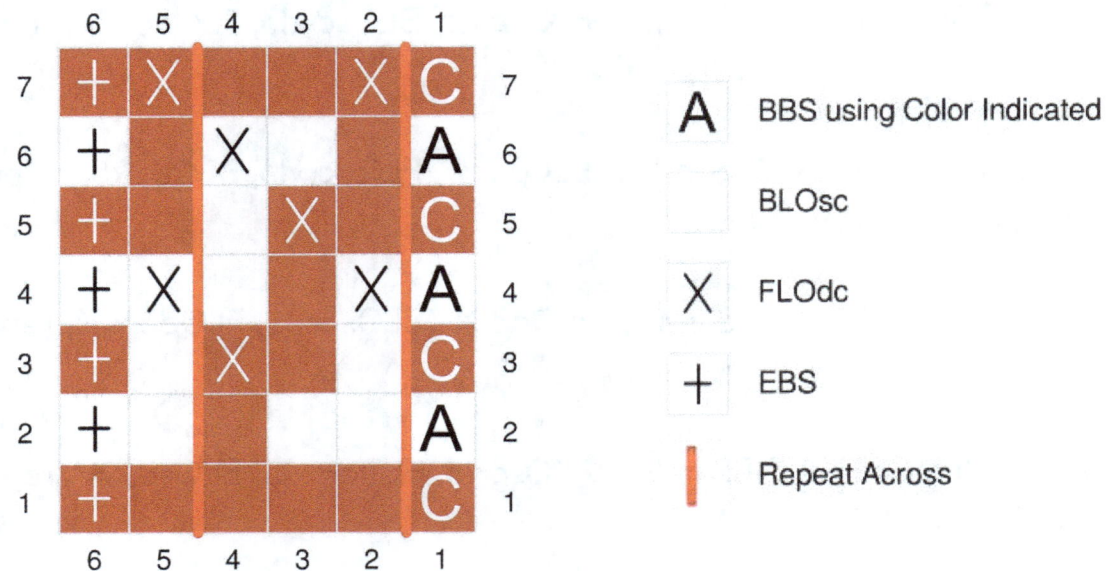

 Row 1: With Color C, BBS in 1st, BLOsc across, EBS in last.

 Row 2: With Color A, BBS in 1st, BLOsc across, EBS in last.

 Row 3: With Color C, BBS in 1st, *BLOsc x2, FLOdc x1*, repeat across, BLOsc x1, EBS in last.

 Row 4: With Color A, BBS in 1st, *FLOdc x1, BLOsc x2*, repeat across, FLOdc x1, EBS in last.

 Row 5: With Color C, BBS in 1st, *BLOsc x1, FLOdc x1, BLOsc x1*, repeat across, BLOsc x1, EBS in last.

 Row 6: With Color A, BBS in 1st, *BLOsc x2, FLOdc x1*, repeat across, BLOsc x1, EBS in last.

 Row 7: With Color C, BBS in 1st, *FLOdc x1, BLOsc x2*, repeat across, FLOdc x1, EBS in last.

©Juniper&Oakes 2024

Section 11.2-DooDads

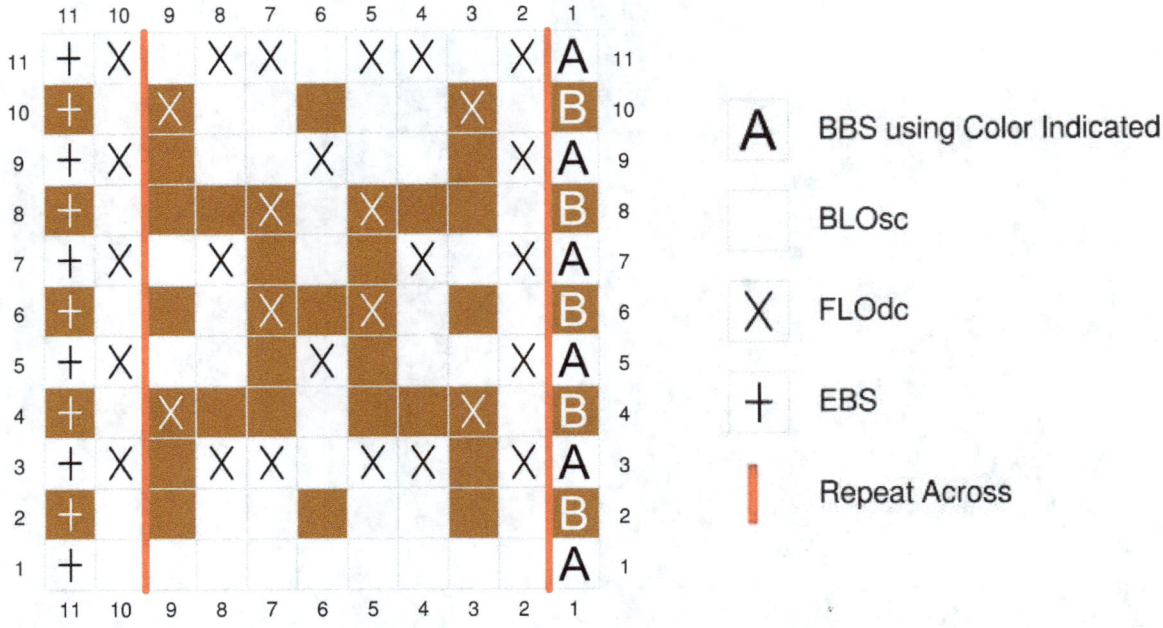

	BBS using Color Indicated
A	
☐	BLOsc
X	FLOdc
+	EBS
▮	Repeat Across

🏠 **Row 1:** With Color A, Fsc 195 (or any multiple of 48 +3).

(Alternatively: Ch 196, sc in 2nd ch from hook and in each ch across.)

🏠 **Row 2:** With Color B, BBS in 1st, BLOsc across, EBS in last.

🏠 **Row 3:** With Color A, BBS in 1st, *FLOdc x1, BLOsc x1, FLOdc x2, BLOsc x1, FLOdc x2, BLOsc x1*, repeat across, FLOdc x1, EBS in last.

🏠 **Row 4:** With Color B, BBS in 1st, *BLOsc x1, FLOdc x1, BLOsc x5, FLOdc x1*, repeat across, BLOsc x1, EBS in last.

🏠 **Row 5:** With Color A, BBS in 1st, *FLOdc x1, BLOsc x3*, repeat across, FLOdc x1, EBS in last.

©Juniper&Oakes 2024

Section 11.2-DooDads

 Row 6: With Color B, BBS in 1st, *BLOsc x3, FLOdc x1, BLOsc x1, FLOdc x1, BLOsc x2*, repeat across, BLOsc x1, EBS in last.

 Row 7: With Color A, BBS in 1st, *FLOdc x1, BLOsc x1, FLOdc x1, BLOsc x3, FLOdc x1, BLOsc x1*, repeat across, FLOdc x1, EBS in last.

 Row 8: With Color B, BBS in 1st, *BLOsc x3, FLOdc x1, BLOsc x1, FLOdc x1, BLOsc x2*, repeat across, BLOsc x1, EBS in last.

 Row 9: With Color A, BBS in 1st, *FLOdc x1, BLOsc x3*, repeat across, FLOdc x1, EBS in last.

 Row 10: With Color B, BBS in 1st, *BLOsc x1, FLOdc x1, BLOsc x5, FLOdc x1*, repeat across, BLOsc x1, EBS in last.

 Row 11: With Color A, BBS in 1st, *FLOdc x1, BLOsc x1, FLOdc x2, BLOsc x1, FLOdc x2, BLOsc x1*, repeat across, FLOdc x1, EBS in last.

65

Mosaic Gingerbread Blanket

Section 12-Envelope Border

The Envelope Border (sometimes called a "double border") is made by crocheting two different borders - one on the backside and another on the frontside - and then seaming them together to hide the ends along the sides.

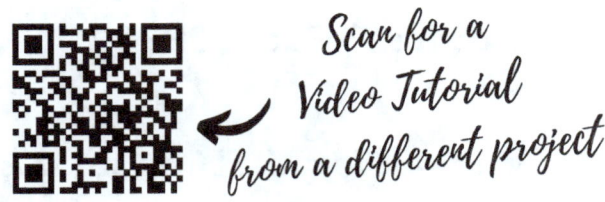

Scan for a Video Tutorial from a different project

Back Border

Round 1: With Color C, sc in the FLO of any stitch along the bottom of blanket, sc in FLO in each stitch. In each corner, *sc in FLO, ch 2, sc in FLO*. Along the side, sc through both legs of the border stitches. Invisible join to 1st stitch. (see below)

Round 2: With Color A, Ch 1, BLOsc in each stitch around. In each corner ch-2 space, *BLOsc, ch 2, BLOsc* in each corner. Invisible join to 1st stitch.

©Juniper&Oakes 2024

Section 12-Envelope Border

Round 3: With Color B, Ch 1, BLOdc in each stitch around. In each corner ch-2 space, *BLOdc, ch2, BLOdc* in each corner. Invisible join to 1st stitch.

Round 4: With Color A, Repeat Round 2

Invisible Join

- Work last stitch
- Remove hook from loop.
- Insert hook through back of 1st stitch of row
- Grab dropped loop
- Pull yarn loop though.
- Untangle hook & yarn.

Section 12-Envelope Border

Front Border

Rounds 1-4: Repeat from Back Border on the RS.

Finishing

- Secure ends by tying two together along each side.
- Trim ends to about 1 inch in length.
- With Color C, BLOsc through BOTH borders. (The loops that are closest together on the blanket), ensuring that the ends are enclosed in the envelope border.
- Fasten off.
- Weave in (or hide) all ends.

©Juniper&Oakes 2024

Thank you
and happy crocheting

Thank you so much for crocheting with me. I know it felt like a labor of love and I hope you loved the process!

Please share pictures of the swatch on all the social media. Tag @juniperandoakes and use #GingerbreadCAL and #juniperandoakes so I can see it.

Stay Connected.
Join my email newsletter.

Be the first to know about my new mosaic crochet patterns, discover handy yarn-related products, and join in on my community crochetalongs.

**Scan for BONUS crochet pattern
Mosaic ZigZag Blanket**

69

Mosaic Gingerbread Blanket

Acknowledgements:

The first "Thank you" always goes to my husband Kameron for putting up with my yarn stash hidden around the house and for supporting all my wild ideas. I love you. Happy 13th Anniversary.

Thank you to my kids B.G.P. for showing me unconditional love, for sitting next to me while I crochet, and for pulling the hook from my hand when it's time for me to play with you. I love you to the moon.

Thank you Mom for teaching me how to crochet. I would not be here without you.

Thank you Sheri for being a fabulous crocheter and sticking with me through this design process. You are a gem.

Thank you Debbie aka MadameStitch for being an extraordinary tech editor & friend. 10/10 would recommend.

Thank you Terri for putting this put together so we could get it out for Christmas 2024. You are a super hero.

Thank you WeCrochet for sending me the yarn to use for this blanket.

And a huge thank you to the Juniper & Oakes Crochet Community and the Crazy Yarn Ladies in my membership group. Thank you for believing in me and for being part of my little yarny corner of the internet. It is always such a surprise and absolute treasure to see crocheters around the world crocheting the patterns I put out into the void.
Happy Crocheting!

©Juniper&Oakes 2024

Overlay Mosaic Crochet
CHEAT SHEET
by *Juniper & Oakes*

Charts are worked from bottom to top.

Worked from right to left on Right Side only.

Every row worked in a different color.

Fasten off at the end of each row.

Stitches Involved

Blank boxes (sc) are worked in BLO of previous row.

X-filled boxes (dc) are worked in FLO of stitch 2 rows below.

Scan for a Video Tutorial

BBS & EBS: Every row begins & ends with a sc through the post (or the 'v') of the stitch below, ensuring that both legs on the WS of the stitch are secured to the outside edge.

A	BBS using Color Indicated
	BLOsc
X	FLOdc
+	EBS
|	Repeat Across

©Juniper&Oakes 2024

www.ingramcontent.com/pod-product-compliance
Lightning Source LLC
Chambersburg PA
CBHW081724120626

46550CB00010B/3233